STELLPLATZFÜHRER
SCHÖNSTE BADESEEN

W0220407

Endlich Sommer. Es ist schön warm, und allzu gern endet die Tour mit dem Reisemobil auf einem Stellplatz an einem See. Nun schnell: Badesachen an und rein ins kühle Nass. Herrlich.
Doch wo genau geht das? Wo finden Sie in Deutschland ein Plätzchen für die Nacht in unmittelbarer Nähe zum Wasser? Der Stellplatzführer „Schönste Badeseen“ nennt Ihnen im Nachschlageteil 140 solcher Übernachtungsplätze in Ufernähe. Sie erfahren, auf welchem Gelände Sie dort stehen, was Sie an Service und Einrichtungen erwartet und was Sie an dem See erleben. Die Infos reichen vom möglichen Freizeitspaß wie Baden, Wandern und Angeln über Tipps zu Stränden und Stegen bis hin zu ganz speziellen Angeboten, die Sie nur an eben diesem oder jenem See finden.
Dazu bekommen Sie zwei umfassende Routenvorschläge in zwei von Deutschlands beliebtesten Ferienregionen: dem Bodensee und der Mecklenburger Seenplatte. Die Tipps zu den Orten ergänzen gründliche Checks der jeweiligen Stellplätze mit allen relevanten Angaben.
Mit diesem Paket an Informationen haben Sie eine tolle Möglichkeit, Ihren Urlaub dort zu verbringen, wo Sie den Sommer am besten genießen: an einem wunderbaren Badesee. Das garantiert Erholung für Alleinreisende, Paare, letztlich für die ganze Familie.
Viel Vergnügen dabei – wie mit Ihrem Stellplatzführer „Schönste Badeseen“.

Claus-Georg Petri,
Stellvertretender Chefredakteur, Projektleiter

INHALT

LEGENDE STELLPLATZ-AUSSTATTUNG

- Behindertengerecht
- CHEM – Entsorgung Kassettentoiletten
- GRAU – Entsorgung Grauwasser
- Frischwasser
- Grillplatz
- Haltestelle
- Hotspot/WLAN
- Hunde erlaubt
- Lebensmittelladen
- Liegewiese
- Restaurant
- Stromanschluss
- R – Telefonische Reservierung möglich
- WC – Toilette
- Zentrum

Die Stellplatzdaten und Gebühren für Service beruhen auf Betreiberangaben. Nach Redaktionsschluss im März 2021 können sich Änderungen ergeben. Verlag und Redaktion übernehmen dafür keine Haftung. Alle Angaben wurden sorgfältig recherchiert und erfolgten nach bestem Wissen und Gewissen.

157 Stellplätze an deutschen Badeseen

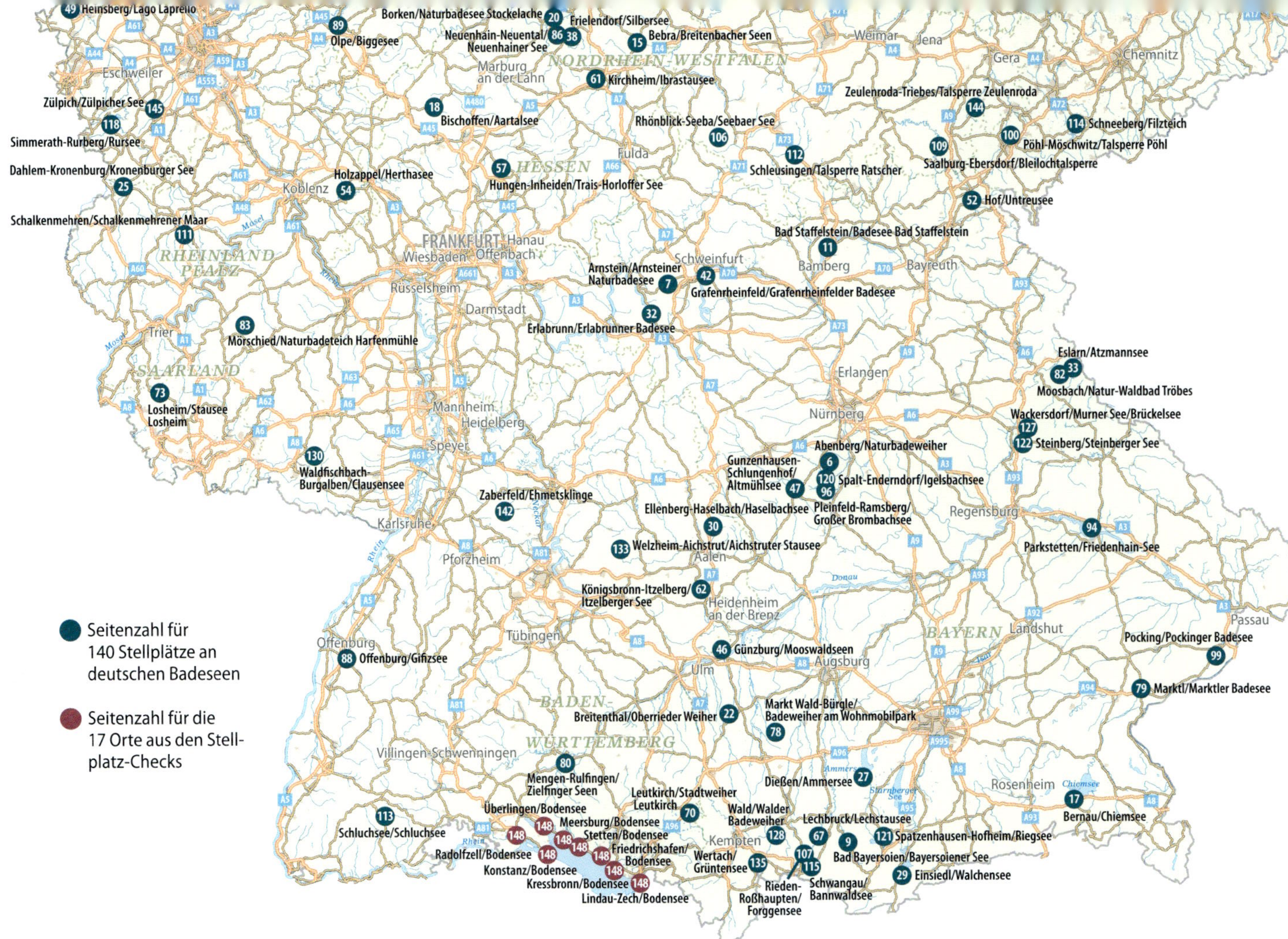
49 Heinsberg/Lago Laprello
89 Olpe/Biggesee
Borken/Naturbadesee Stockelache 20
Frielendorf/Silbersee
Neuenhain-Neuental/ 86 38
Neuenhainer See
15 Bebra/Breitenbacher Seen
NORDRHEIN-WESTFALEN
61 Kirchheim/Ibrastausee
Zeulenroda-Triebes/Talsperre Zeulenroda
144
Zülpich/Zülpicher See 145
118
Simmerath-Rurberg/Rursee
18
Bischoffen/Aartalsee
Rhönblick-Seeba/Seebaer See
106
114 Schneeberg/Filzteich
100
Pöhl-Möschwitz/Talsperre Pöhl
109
Saalburg-Ebersdorf/Bleilochtalsperre
112
Schleusingen/Talsperre Ratscher
Dahlem-Kronenburg/Kronenburger See
25
Holzappel/Herthasee
54
57 HESSEN
Hungen-Inheiden/Trais-Horloffer See
52 Hof/Untreusee
Schalkenmehren/Schalkenmehrener Maar
111
RHEINLAND-PFALZ
Bad Staffelstein/Badesee Bad Staffelstein
11
Arnstein/Arnsteiner Naturbadesee 7
42
Grafenrheinfeld/Grafenrheinfelder Badesee
32
Erlabrunn/Erlabrunner Badesee
83
Mörschied/Naturbadeteich Harfenmühle
SAARLAND
73
Losheim/Stausee Losheim
130
Waldfischbach-Burgalben/Clausensee
Eslarn/Atzmannsee
82 33
Moosbach/Natur-Waldbad Tröbes
Wackersdorf/Murner See/Brückelsee
127
122 Steinberg/Steinberger See
Abenberg/Naturbadeweiher
6
Gunzenhausen-Schlungenhof/Altmühlsee 47
120 Spalt-Enderndorf/Igelsbachsee
96
Pleinfeld-Ramsberg/Großer Brombachsee
Zaberfeld/Ehmetsklinge
142
Ellenberg-Haselbach/Haselbachsee
30
94
Parkstetten/Friedenhain-See
133 Welzheim-Aichstrut/Aichstruter Stausee
Königsbronn-Itzelberg/Itzelberger See 62
Pocking/Pockinger Badesee
99
BAYERN
46 Günzburg/Mooswaldseen
88 Offenburg/Gifizsee
79 Marktl/Marktler Badesee
BADEN-WÜRTTEMBERG
Breitenthal/Oberrieder Weiher 22
Markt Wald-Bürgle/Badeweiher am Wohnmobilpark
78
80
Mengen-Rulfingen/Zielfinger Seen
Dießen/Ammersee 27
17
Bernau/Chiemsee
Leutkirch/Stadtweiher Leutkirch 70
Überlingen/Bodensee
113
Schluchsee/Schluchsee
Wald/Walder Badeweiher
128
Lechbruck/Lechstausee
67
9
121 Spatzenhausen-Hofheim/Riegsee
Meersburg/Bodensee
Stetten/Bodensee
Friedrichshafen/Bodensee
Radolfzell/Bodensee
Konstanz/Bodensee
Kressbronn/Bodensee
Lindau-Zech/Bodensee
Wertach/Grüntensee 135
107
115
Bad Bayersoien/Bayersoiener See
29 Einsiedl/Walchensee
Rieden-Roßhaupten/Forggensee
Schwangau/Bannwaldsee
Seitenzahl für 140 Stellplätze an deutschen Badeseen
Seitenzahl für die 17 Orte aus den Stellplatz-Checks

NATURBADEWEIHER, MITTELFRANKEN

Stadt
Stillaplatz 1
91183 Abenberg
Tel.: 09178/98800
www.abenberg.de

Fläche (km²): <0,1
Das gibt's: Kleiner Natursee für Schwimmer und Nichtschwimmer
Erlebnis: Baden, Wandern, Radeln

Stellplatz am Badeweiher

Spalter Straße
91183 Abenberg
Tel.: 09178/98800
www.abenberg.de

In ruhiger Ortsrandlage nahe am Wald mit Blick auf Burg und Wasser

GPS: 49°14'7.61"N/10°57'19.53"E

Platz: = 6 auf Schotterrasen. CHEM GRAU. Ganzjährig geöffnet.
Preis: Übernachtung gratis. Strom 1 €/6 h, Wasser 1 €.
Distanz: 0,2 km, Ⓗ 0,4 km, 0,4 km, weitere Restaurants in 0,9 km, 1 km.
Gastro: Bäcker Schmidt (50 m), griechische, italienische und deutsche Restaurants in Abenberg.
Freizeit: Stadtführung, Reiten, Kutschfahrten, Golfen, Angeln.
POI: Kloster Marienburg, Burg Abenberg.

Anfahrt: A6 Kreuz Feuchtwangen–Nürnberg, Ausfahrt Neuendettelsau, über Windsbach nach Abenberg, im Ort rechts in die Spalter Straße abbiegen, dann vom Kreisverkehr am Badeweiher auf den Stellplatz.
Kontakt: Stadt Abenberg, ☎ 09178/98800, info@stadt-abenberg.de, www.abenberg.de

ARNSTEINER NATURBADESEE, SPESSART

Rathaus
Marktstraße 37
97450 Arnstein
Tel.: 09363/8010
www.arnstein.de

Fläche (km²): 0,1
Das gibt's: Kleiner Naturbadesee, entstanden 1997 im Rahmen der kleinen Landesgartenschau, Regenerationsbereich, Liegewiese, Seeterrasse mit Kisok
Erlebnis: Baden, Wandern, Radeln

Stellplatz am Naturbadesee Arnstein

Am Alten Schwimmbad
97450 Arnstein
Tel.: 09363/8010
www.arnstein.de

In der Nähe des Naturbadesees Arnstein

GPS: 49°58'36.12"N/9°57'33.60"E

Platz: P = 9 auf Rasengittersteine. CHEM GRAU. VE von April-Oktober. Abreise bis 12:00 Uhr. Ganzjährig geöffnet.
Preis: Ab 10 €. Strom 1 €/2 kWh, Wasser 1 €/80 l. Montag-Freitag 10 €, Samstag/Sonntag 15 €. Parkschein ist gut sichtbar in der Windschutzscheibe auszulegen.
Distanz: Ⓗ 0,3 km, 0,5 km, 0,5 km, 0,5 km, weitere Restaurants in 1 km.
Gastro: Mehrere Restaurants im Ort.
Freizeit: 1 km, Stadtführungen, Naturbadesee und Beachvolleyball.
POI: Wallfahrtskirche Maria Sondheim 0,2 km, historische Altstadt, Rosengarten und Schlossanlage 0,5 km.
Anfahrt: Von der B26/A7 oder B26a den Schildern zum Naturbadesee folgen.
Kontakt: Stadt Arnstein, ☎ 09363/8010, poststelle@arnstein.bayern.de, www.arnstein.de

TWISTESEE, WALDECKER LAND

Touristik-Service
Große Allee 2
34454 Bad Arolsen
Tel.: 05691/801240
www.bad-arolsen.de

Fläche (km²): 0,7
Das gibt's: Stausee im nordhessischen Bergland, Strandbad mit Sandstrand
Erlebnis: Baden, Angeln, Wandern, Golfen, Wasserski, Tennis, Reiten, Arolser Kram- und Viehmarkt (Anfang August)

Reisemobilhafen Twistesee

Bericher Seeweg 1
34454 Bad Arolsen-Wetterburg
Tel.: 05691/8069383
www.reisemobilhafen-twistesee.de

Großer Stellplatz an der Twistetalsperre mit Blick auf den See und den gegenüberliegenden Ort Wetterburg

GPS: 51°23'2.00"N/9°3'55.00"E

Platz: = 150 auf Naturboden, Wiese, Schotter. =190 (16 A) WC CHEM GRAU . Waschmaschine/Trockner, Leihwagen. Reservierung ab 3 Tagen. Ganzjährig geöffnet.
Preis: 13 € inkl. aller Personen, Müll-Entsorgung, Kurtaxe. Strom 0,60 €/ kWh, Wasser 1 €/80 l, Dusche 1 €/5 min. Rabatte im Golfclub/Bad.
Distanz: 0,5 km, 0,8 km, 1 km, 4 km.
Gastro: Brötchenservice, Imbiss in der Saison am Wochenende. SB-Lebensmittelwagen (Mittwoch/ Freitag), Lebensmittel- und Getränkebestellung über Brötchenservice am Vortag.
Freizeit: 2,5 km. Golfplatz 0,8 km, Bootsverleih 0,8 km, Wasserskianlage 1 km.
POI: Altstadt Bad Arolsen 2,5 km, Kugelsburg 4 km.
Anfahrt: A44 Ausfahrt Warburg/Brakel/Volkmarsen → Volkmarsen, im Kreisel → Bad Arolsen-Wetterburg (L3080), nach 4 km links in den Bericher Seeweg abbiegen → Twistesee-Talsperre.
Kontakt: Reisemobilhafen Twistesee, ☎ 05691/8069383, info@reisemobilhafen-twistesee.de, www.reisemobilhafen-twistesee.de

BAYERSOIENER SEE, PFAFFENWINKEL

Tourist-Info
Dorfstraße 45
82435 Bad Bayersoien
Tel.: 08845/7030620
www.ammergauer-alpen.de

Fläche (km²): 0,2
Das gibt's: Badesee im Pfaffenwinkel in den Ammergauer Alpen mit Liegewiese und Bootsverleih
Erlebnis: Baden, Boot fahren, Wandern, Radeln, Angeln

2,5 KILOMETER LANGER NATURLEHRPFAD RUND UM DEN SEE

Wohnmobilstellplatz Bad Bayersoien

Am Bauhof 6
82435 Bad Bayersoien
Tel.: 08845/7030620
www.ammergauer-alpen.de
Am Ortsrand mit Blick auf die Ammergauer Alpen

GPS: 47°41'14.33"N/10°59'58.04"E

Platz: P = 8 auf Schotterrasen. CHEM GRAU. Beleuchtet. Ganzjährig geöffnet.
Preis: 14 € inkl. Entsorgung. Jede weitere Person 2 €, Kind (bis 16 J.) gratis, Strom 1 €/100 l, Wasser 0,50 €/kWh. Gästekarte mit zahlreichen Vorteilen (siehe www.ammergauer-alpen.de) gegen Vorlage des Zahlbelegs in der Kur-/Touristinfo.
Distanz: 0,2 km, 0,3 km, 0,3 km.
Freizeit: Angeln, direkter Zugang zur Langlaufloipe, Kneipptretbecken am Bärenbachweg, E-Bike-Ladestation am See, Naturbadesee Bayersoiener See mit Liegewiese und Ruderbootverleih 0,5 km.
POI: Museum im Bierlinghaus, Kloster Rottenbuch.
Kontakt: Tourist-Information Bad Bayersoien, ☎ 08845/7030620, bad-bayersoien@ammergauer-alpen.de, www.ammergauer-alpen.de

GROSSER SEGEBERGER SEE

Tourist-Info
Oldesloer Straße 20
23795 Bad Segeberg
Tel.: 04551/96490
www.bad-segeberg.de

Fläche (km²): 1,7
Das gibt's: See nahe dem Stadtzentrum mit Promenade, Sonnendeck, Kneippbecken und Frei-/Strandbad
Erlebnis: Baden, Angeln, Wandern, Radeln

Wohnmobilstellplatz Kalkbergblick

Kastanienweg 1
23795 Bad Segeberg
Tel.: 04551/1655
www.womostellplatz-badsegeberg.de

Gegenüber der Jugendherberge, in der Nähe des großen Segeberger Sees

GPS: 53°56'18.60"N/10°18'55.44"E

Platz: = 22 auf Schotterrasen. =16 (6 A) CHEM GRAU. nur bei Gruppen. Ganzjährig geöffnet.
Preis: 10 € inkl. Entsorgung, Müll-Entsorgung, Kurtaxe. Strom 2 €/12 h oder 4 €/24 h, Wasser 1 €/8 min, VE für Durchreisende 2 €. Tagesplatzgebühr 3 €.
Distanz: Ⓗ 0,3 km, 0,3 km, weitere Restaurants in 0,4 km, 0,6 km, 0,8 km.
Freizeit: 1 km. Radweg um den See und an der Trave, Ruder- und Tretbootfahren, Angeln, Bouleplatz 0,1 km, Badeanstalt am Segeberger See 0,2 km, Minigolf 0,2 km, Bootsvermietung 0,3 km.
POI: Marienkirche, Heimatmuseum, Kalkberghöhlen 0,5 km, Noctalis-Fledermauszentrum 0,5 km, Kalkberg mit Freilichttheater 0,7 km.
Anfahrt: A21 Wankendorf-Kreuz Bargteheide, Ausfahrt 12 Bad Segeberg-Nord.
Kontakt: Brigitte Cords, ☎ 04551/1655, Mobil: 0177/5511656, brigittecords@web.de, www.womostellplatz-badsegeberg.de

BADESEE BAD STAFFELSTEIN, OBERFRANKEN

Tourist-Info
Bahnhofstraße 15
96231 Bad Staffelstein
Tel.: 09573/33120
www.bad-staffelstein.de

Fläche (km²): 0,1
Das gibt's: Freizeit-Badesee mit Blick auf Kloster Banz, Wasserwacht, Liegewiese und Sprungturm
Erlebnis: Baden, Wandern, Radeln, Surfen, Segeln, Angeln, Minigolf

Stellplatz Kurcampingplatz Bad Staffelstein

Seestraße 3
96231 Bad Staffelstein
Tel.: 09573/7797
www.aquariese.de

Auf dem hinteren Pkw-Parkplatz gegenüber vom Hallenbad AquaRiese, in der Nähe des Kurparks

GPS: 50°6'45.20"N/10°59'6.76"E

Platz: = 40 auf Sand/Splitt, Wiese, Schotter. Ankunft 9:00-22:00 Uhr, Anmeldung an der Camping-Rezeption, Waschmaschine/Trockner. Ganzjährig geöffnet.
Preis: 7 € inkl. Entsorgung. Strom 0,70 €/kWh, Wasser 1 €, WC 2 €, Kurtaxe 2 €, Hund 2,50 €.
Distanz: 1 km, 1,5 km, 1,5 km.
Gastro: Restaurant im Schwimmbad, warme Küche 14:00-20:00 Uhr, Hauptgericht ab 5 €.
Freizeit: 0,2 km. Badesee Bad Staffelstein, Segeln, Surfen, Angeln, Obermain-Therme 1 km.
POI: Kloster Banz 2 km, Thermalzentrum 2,5 km, Staffelberg 3 km, Wallfahrtskirche Vierzehnheiligen 4 km.
Anfahrt: A73/A9 Bad Staffelstein → Kurzentrum/Kloster Banz.
Kontakt: 09573/7797, info@aquariese.de, www.aquariese.de

Weitere Stellplätze (siehe auch www.bordatlas.de):
Wohnmobilstellplatz Obermain-Therme, Am Kurpark 1, Tel.: 09573/96190, www.obermaintherme.de

ZWISCHENAHNER MEER, AMMERLAND

Tourist-Info
Auf dem Hohen Ufer 24
26160 Bad Zwischenahn
Tel.: 04403/619159
www.bad-zwischenahn-touristik.de

Fläche (km²): 5,5
Das gibt's: See im niedersächsischen Landkreis Ammerland
Erlebnis: Baden, Wandern, Radeln, Angeln, Segeln, Surfen, Boot fahren, Seerundfahrten

Wohnmobilstellplatz am Badepark

Am Badepark 1
26160 Bad Zwischenahn
Tel.: 04403/619159
www.bad-zwischenahn-touristik.de/womo
Stellplatz im Zentrum des Kurortes

GPS: 53°11'12.30"N/8°0'1.44"E

Platz: P = 50 auf Pflaster. =50 WC CHEM GRAU. Im Sommer Dusche/WC mit Gästekarte im Freibad. Ganzjährig geöffnet.
Preis: 11 € inkl. Wasser, Entsorgung, Dusche, WC, Müll-Entsorgung, WLAN. Strom 0,60 €/ kWh, Kurtaxe 2,30 €.
Distanz: 0,2 km, Ⓗ 0,3 km, 0,4 km, 0,8 km.
Gastro: Im Hotel Am Badepark und in der Nähe.
Freizeit: 1,8 km, 0,2 km. Zwischenahner Meer 0,2 km, Rehazentrum 1,7 km.
POI: St. Johanneskirche 0,4 km, Wasserturm 0,8 km, Altes Kurhaus 1 km, Heimatmuseum 1,3 km.
Anfahrt: A28 Oldenburg-Leer Ausfahrt 8 Zwischenahner Meer, auf der Landstraße → Bad Zwischenahn, im Ort → Zentrum, dann → Badepark.
Kontakt: Bad Zwischenahner Touristik, ☎ 04403/619159, wohnmobil@bad-zwischenahn-touristik.de, www.bad-zwischenahn-touristik.de/womo

Weitere Stellplätze (siehe auch www.bordatlas.de):
Campingplatz und Reisemobilpark Oeltjen im Ortsteil Halfstede, Wiefelsteder Straße 62, Tel.: 04403/8457, www.bad-zwischenahn-touristik.de

RANTZAUER SEE, SCHLESWIG-HOLSTEIN

Tourist-Info
Am Markt 1
25355 Barmstedt
Tel.: 04123/68120
www.barmstedt-und-umland.de

Fläche (km²): 0,1
Das gibt's: See mit Freibad, Tretbootverleih
Erlebnis: Baden, Tretboot fahren, Wandern, Radeln

BARMSTEDTER SCHLOSSINSEL

Wohnmobilstellplatz am Rantzauer See

Seestraße/Roissy-En-Brie-Platz
25355 Barmstedt
Tel.: 04123/68170
www.stadtwerke-barmstedt.de

Stellplätze in unmittelbarer Nähe der Badestelle am Rantzauer See

GPS: 53°47'13.73"N/9°45'51.31"E

Platz: = 5 auf Schotter. CHEM GRAU . WC, Dusche und WLAN an der Badestelle am Rantzauer See während der Saison (2.5.-15.9.), Besuch der Badestelle gratis. Ganzjährig geöffnet.
Preis: 5 € inkl. Strom, Wasser, Entsorgung, WLAN, Sanitär-Nutzung. Dusche 0,50 €.
Distanz: , , weitere Restaurants in 0,5 km, Ⓗ 0,3 km, 0,5 km.
Gastro: Am Platz mit großer Außenterrasse und Blick auf die Schlossinsel, Imbiss direkt gegenüber.

Freizeit: Badestelle am Rantzauer See, Volleyball-Spielfeld, Bootsverleih 0,3 km, Kulturschusterei (feine Konzerte & Kino) 0,6 km.
POI: Heimatmuseum 0,4 km, Café Galerie Schlossgefängnis 0,4 km, Schlossinsel mit Wassermühle 0,4 km, Heiligen-Geist-Kirche 1 km.
Anfahrt: A23 Ausf. Elmshorn → Barmstedt, beschildert → Badewonne.
Kontakt: Stadtwerke Barmstedt, ☎ 04123/68170, info@barmstedter-badewonne.de, www.stadtwerke-barmstedt.de

BARNINER SEE, STERNBERGER SEENLANDSCHAFT

Tourist-Info
Am Markt 3
19406 Sternberg
Tel.: 03847/444535
www.tourismus.stadt-sternberg.de

Fläche (km²): 2,6
Das gibt's: See der Sternberger Seenlandschaft nordöstlich von Crivitz, Badestrand mit Kinderspielplatz, Badesteg und Begrenzung für Nichtschwimmer, Seebühne für Veranstaltungen im Sommer, Wasserwanderrastplatz
Erlebnis: Baden, Angeln, Wasserwandern, Kanutouren, Wandern

Caravan Stellplatz & Hofladen Am Wäldchen

Crivitzer Straße 1
19089 Barnin
Tel.: 03863/222642
caravan-stellplatz-am-waeldchen.business.site
Auf Privatgrundstück am Ortsrand in Waldnähe

GPS: 53°35'33.61"N/11°41'30.19"E

Platz: = 5 auf Wiese. =5 WC GRAU . Anfahrt 14:00-20:00 Uhr. Aufenthalt max. 72 h. Für Kinder nicht geeignet. Ganzjährig geöffnet.
Preis: 20 € inkl. Entsorgung. Strom 0,50 €/kWh, Wasser 2 €, Dusche 5 €/Pers.
Distanz: 0 km, Ⓗ 0,1 km, 0,5 km, 1 km.
Gastro: Brötchenservice, Imbiss, Hofladen.
Freizeit: Badesee Barniner See 0,2 km.

Kontakt: Frank Block, ☎ 03863/222642, Mobil: 01515/5696170, wassermannfrank@web.de, caravan-stellplatz-am-waeldchen.business.site

BREITENBACHER SEEN, MITTLERES FULDATAL

Magistrat der Stadt
Rathausmarkt 1
36179 Bebra
Tel.: 06622/5010
www.bebra-stadt.de

Fläche (km²): 0,2
Das gibt's: Naherholungsgebiet in der Fuldaaue einen Kilometer südwestlich von Bebra
Erlebnis: Baden, Wandern, Segeln

Wohnmobilstellplatz Breitenbacher Seen

An der K74 – Hersfelder Straße
36179 Bebra
Tel.: 06622/501221
www.stadtentwicklung-bebra.de
Stellplatz an der Fulda und am großen Badesee

GPS: 50°57'34.00"N/9°47'16.00"E

Platz: = 40 auf Wiese. =20 CHEM GRAU . WC im Kiosk, Brötchen 200 m rechts über die Brücke. Geöffnet: April-Oktober.
Preis: 5 € inkl. Entsorgung, Müll-Entsorgung, Kurtaxe. Strom 0,50 €/ kWh, Wasser 1 €/100 l. 30 €/Woche.
Distanz: 0,2 km, 0,2 km, 0,8 km, 1 km.
Gastro: Hauptgericht ab 3 €.

Freizeit: 2 km, 7 km. Badesee., Angeln, Surfen, Segeln, Rad und Kanu fahren, Naturerlebnisweg Iba, Biberbad Bebra.
POI: Wasserturm mit Museumseisenbahn 1 km, Kräutergarten Weiterode 3 km.
Kontakt: Stadt Bebra, ☎ 06622/501221, seb@bebra.de, www.stadtentwicklung-bebra.de

BEETZSEE, HAVELLAND

Tourist-Info
Neustädtischer Markt 3
14776 Brandenburg
Tel.: 03381/796360
www.erlebnis-brandenburg.de

Fläche (km²): 3,9
Das gibt's: Eiszeitlicher, 22 Kilometer langer See, gespeist von der Havel. Bootsverleih
Erlebnis: Baden, Rudern, Kanu fahren, Segeln, Surfen, Wasserski, Angeln, Wandern, Radeln

WWR Brielow/Marina Beetzsee

Seestraße 2
14778 Beetzsee-Brielow
Tel.: 033837/40205
www.ferien-am-beetzsee.de

Am Beetzsee mit eigenem Strand nahe des Restaurants Beetzsee Terrassen

GPS: 52°28'8.84"N/12°33'56.96"E

Platz: = 20, = 5 (< 13 m) auf Wiese, Schotterrasen. =25 (16 A) WC CHEM / Bio GRAU . R wird empfohlen. Tel. Anmeldung am Wartebereich mit persönlicher Einweisung. Geöffnet: April-Oktober.
Preis: 20 € inkl. Strom, Wasser, Entsorgung, WC, Müll-Entsorgung, Kurtaxe, WLAN. Dusche 0,50 €/Pers.
Distanz: 2 km, Ⓗ 2 km, 2 km,
Gastro: Warme Küche 11:00-21:00 Uhr, Hauptger. ab 10 €, Frühstücksservice.

Freizeit: 6 km, 6 km. Badestrand, Wasserski, Ruder-/Sportbootverleih, Storchenweg 0,5 km.
POI: Industriemuseum 5 km, Dom 6 km.
Anfahrt: 5 km nördlich von Brandenburg/Havel, ab Brielow den Schildern Beetzsee Terrassen/Marina Beetzsee folgen.
Kontakt: BBG, Robert Siemon, ☎ 033837/40205, info@wwr-brielow.de, www.ferien-am-beetzsee.de
Weitere Stellplätze (siehe auch www.bordatlas.de):
Pension am Beetzsee, Seestraße 1, Tel.: 0173/4394186, www.pension-am-beetzsee.de

CHIEMSEE, OBERBAYERN

Tourist-Info
Aschauer Straße 10
83233 Bernau/Chiemsee
Tel.: 08051/98680
www.bernau-am-chiemsee.de

Fläche (km²): 79,9
Das gibt's: Größter See Bayerns und drittgrößter See Deutschlands mit vier Inseln
Erlebnis: Baden, Segeln, Surfen, Wandern, Radeln, Angeln

CHIEMSEE-RUNDWEG, LINIENSCHIFFFAHRT, SCHLOSS HERRENCHIEMSEE

Wohnmobilhafen Bernau-Felden

Rasthausstraße 15
83233 Bernau am Chiemsee
Tel.: 0176/66638502
www.bernau-am-chiemsee.de
Direkt zwischen A8 und Chiemseeufer, im Chiemseepark Bernau-Felden

GPS: 47°49'50.00"N/12°23'8.00"E

Platz: = 50 auf Asphalt, Schotter. WC CHEM GRAU. Ganzjährig geöffnet.
Preis: Ab 15 € inkl. Grauwasser-Entsorgung. Strom 0,70 €, Wasser 1 €, Entsorgung 2 €, Dusche 1 €/4 min, WC 0,50 €, Kurtaxe (ab 15 J.) 1,50 €. 1.5.-30.9. 19 €, 1.10.-30.4. 15 €. Münzautomat.
Distanz: 2,3 km, 2,5 km.
Freizeit: Strandbad, Surf- und Segelschule, SUP- und Kajakverleih, Beachsoccerplatz, Chiemsee-Infocenter.

POI: Chiemsee mit Frauen- und Herreninsel, Modellautomuseum.
Anfahrt: A8 Ausfahrt Felden, im Kreisverkehr → Chiemseepark halten.
Kontakt: Oskar Deibert, Mobil: 0176/66638502, oskar.deibert@gmail.com, www.bernau-am-chiemsee.de
Weitere Stellplätze (siehe auch www.bordatlas.de):
Tenniszentrum Bernau, Buchenstraße 17, Tel.: 08051/8822, www.tenniszentrum-bernau.de

AARTALSEE, GLADENBACHER BERGLAND

Rathaus
Schulstraße 23
35649 Bischoffen
Tel.: 06444/92310
www.bischoffen.de

Fläche (km²): 0,6
Das gibt's: Zweitgrößter See Hessens mit Sandstrand und Liegewiese
Erlebnis: Baden, Segeln, Surfen, Angeln, Wandern, Radeln

Parkplatz am Aartalsee

Am See
35649 Bischoffen
Tel.: 06444/92310
www.bischoffen.de
Am nördlichen Seeufer

GPS: 50°42'6.78"N/8°28'4.21"E

Platz: P / = 10 auf Pflaster. =8 (16 A) WC CHEM GRAU . Ganzjährig geöffnet.
Preis: 9 € inkl. Entsorgung, Müll-Entsorgung, Kurtaxe. Strom 1 €/2 kWh, Wasser 1 €/80 l.
Distanz: 0,5 km, weitere Restaurants in 0,6 km, H 0,7 km, 0,8 km, 1,1 km.
Gastro: Seehof, Seeterrasse, Aartalgrill, Döner-Imbiss, Cafe Schäfer.
Freizeit: Aartalsee-Panoramaweg, Badesee 0,5 km, Bootsverleih 0,5 km.
POI: Aartalsperre, Vogel- und Naturschutztierpark Herborn 17 km, Altstadt Herborn 17 km, Dillenburg Wilhelmsturm Villa Grün und Altstadt 18 km, Besucherbergwerk Grube Fortuna 20 km, Altstadt Wetzlar 26 km.
Anfahrt: A45 Siegen-Wetzlar, Ausfahrt Dillenburg oder Ausfahrt 27 Herborn-Süd, in Herborn weiter auf der B277 in → Bischoffen, dann auf die B255 abbiegen. Parkplatz am Ortsausgang.
Kontakt: Gemeinde Bischoffen, ☎ 06444/92310, rathaus@bischoffen.de, www.bischoffen.de

RÖDLINER SEE, MECKLENBURGISCHE SEENPLATTE

Tourist-Info
Strelitzer Straße 1
17235 Neustrelitz
Tel.: 03981/4534105
www.neustrelitz.m-vp.de

Fläche (km²): 2
Das gibt's: See im Naturpark Feldberger Seenlandschaft nahe Blankensee
Erlebnis: Baden, Wandern, Radeln

Fischerei Reimer

Fischerweg 16
17237 Blankensee bei Neustrelitz-Rödlin
Tel.: 039826/12223

Am Ufer des Rödliner Sees neben dem Fischereibetrieb, im Naturpark Feldberger Seenlandschaft

GPS: 53°23'38.00"N/13°13'54.00"E

Platz: / = 4 auf Wiese. =3 . Ankunft bis 20:00 Uhr. Keine Entsorgung (Grauwasser, Fäkalien oder Müll) möglich. Boote auf dem See nicht erlaubt. Geöffnet: 1.4.-30.10.

Preis: 5 €. Strom 1,50 €, Wasser nach Verbrauch. Angeln-Tageskarte 6 €.

Distanz: Ⓗ 1 km, 1 km, 1 km, weitere Restaurants in 4 km, 3 km.

Gastro: Imbiss auf dem Fischerhof, Frühstück nach Absprache.

Freizeit: 20 km. Angeln mit Fischereischein, Schwimmen, Radfahren, Müritz Nationalpark 25 km.

POI: Pfingstsonntag Fischerfest, Klosterkirche Wanzka 1,5 km, Feldsteinkirche Rollenhagen 2,5 km.

Anfahrt: B198 Neustrelitz → Woldegk, nach 5 km in Zinow links nach Rödlin abbiegen.

Kontakt: Familie Reimer-Meißner, ☎ 039826/12223

NATURBADESEE STOCKELACHE, BORKENER SEEN

Tourist-Info
Am Rathaus 7
34582 Borken/Hessen
Tel.: 05682/808271
www.borken-hessen.de

Fläche (km²): <0,1
Das gibt's: Tagebaurestloch, beliebtes Naherholungsgebiet mit 400 Meter langem Sandstrand
Erlebnis: Baden, Beachvolleyball, auf benachbartem Singliser See: Surfen, Tauchen, Stand-Up-Paddeln

50-METER-WASSERRUTSCHE

Wohnmobilstellplatz am Naturbadesee Stockelache

L3223/Kleinengliser Straße
34582 Borken/Hessen
Tel.: 05682/808271
www.borken-hessen.de

Auf dem Parkplatz des Naturbadesees Stockelache

GPS: 51°4'0.52"N/9°14'43.02"E

Platz: = 10 auf Schotter. Anfahrt 24 h, keine Reservierung möglich, nächste VE Campingplatz Bad Zwesten 7 km/Neuenhain 13 km sowie demnächst am Wohnmobilstellplatz Singliser See 6 km, WC auf dem Seegelände. Ganzjährig geöffnet.
Preis: 3 €. Preise Badesee siehe Aushang/Online-Ticketverkauf.
Distanz: 0,1 km, 0,1 km, 1 km, 3,8 km.
Gastro: Gastronomie/Biergarten am Platz.
Freizeit: SUP- und Tretbootverleih, Badestrand (eintrittspflichtige Badesaison 1.5.-30.9.) 0,3 km, Beach-Volleyballfelder 0,4 km.
POI: Hessisches Braunkohle Bergbaumuseum 3 km, Naturschutzgebiet Borkener See 4 km, Singliser See mit Wohnmobilstellplatz 6 km.
Anfahrt: B3 Kassel-Marburg von Marburg bis Ende B3/Anschlussstelle Borken (Hessen) zur A49 Kassel-Borken Ausfahrt Borken, 900 m weiter auf L3150, rechts auf den Parkplatz.
Kontakt: Tourist-Info, ☎ 05682/808271, touristinfo@borken-hessen.de, www.borken-hessen.de

Berger
CAMPING UND FREIZEIT
Alles für Ihren Camping-Urlaub!
SUP-SETS
ab 229,–
NOCH MEHR BADEZUBEHÖR ONLINE UNTER:
fritz-berger.de
VORZELTE • OUTDOOR • MÖBEL • HAUSHALT • ELEKTRO • TECHNIK • BEKLEIDUNG

Berger
CAMPING UND FREIZEIT

OBERRIEDER WEIHER, BAYERISCH SCHWABEN

Tourist-Info
Schlossplatz 1
89312 Günzburg
Tel.: 08221/200444
www.guenzburg-tourismus.de

Fläche (km²): 0,4
Das gibt's: Grundwassergespeister Baggersee im Günztal mit Liegewiese und Kinderbucht
Erlebnis: Baden, Angeln, Paddeln, Segeln, Surfen, Wandern, Radeln

See Camping Günztal

Oberrieder Weiherstraße 11
86488 Breitenthal
Tel.: 08282/881870
www.see-camping-guenztal.de

Am Badesee, in unmittelbarer Nähe des Campingplatzes

GPS: 48°13'30.75"N/10°17'31.28"E

Platz: = 10 auf Schotterrasen. =10 (6 A) WC CHEM GRAU. VE und Sanitärgebäude nur auf dem Campingplatz in 300 m, Leinenpflicht für Hunde. Geöffnet: 17.4.-23.10.
Preis: 8 € inkl. Müll-Entsorgung, Kurtaxe. Strom 4 €, Wasser 2 €, Entsorgung 2 €, Dusche 2,50 €, WC 2,50 €, WLAN 1 €.
Distanz: Ⓗ 1 km, 2 km, 2 km, weitere Restaurants in 6 km, 6 km.
Gastro: Bistro am Campingplatz, warme Küche (Ferienzeit), Brötchenservice bis 18:00 Uhr reservieren.

Freizeit: 6 km, 6 km. Veranstaltungen und Feste im Umkreis, Tretbootverleih 0,3 km, Legoland Deutschland 25 km.
POI: Altstadt Krumbach 6 km.
Anfahrt: In Breitenthal Beschilderung Naherholungsgebiet Oberrieder Weiher folgen.
Kontakt: See Camping Günztal, ☎ 08282/881870, info@see-camping-guenztal.de, www.see-camping-guenztal.de

REIHERSEE, LANDKREIS LÜNEBURG

Campingplatz Reihersee
Auf den Bergen 96
21382 Brietlingen
Tel.: 04133/3226
www.campingplatzreihersee.de

RADTOUREN ENTLANG DER ELBE ODER DURCH DIE ELBMARSCH

Fläche (km²): 0,6
Das gibt's: Langgestreckter See mit Liegewiese, Badestränden, Trampolin
Erlebnis: Baden, Wandern, Radeln, Kanu fahren

Wohnmobilstellplatz am Reihersee

Auf den Bergen 1
21382 Brietlingen-Lüdershausen
Tel.: 04133/3878
www.campingplatzreihersee.de

Gepflegter Naturstellplatz mit Badestränden und Blick auf die Neetze

GPS: 53°20'37.00"N/10°27'34.00"E

Platz: P = 15 auf Wiese. WC CHEM GRAU. Ganzjährig geöffnet.
Preis: 10 € inkl. WC, Müll-Entsorgung. Dusche 1 €, Entsorgung und Frischwasser 1,50 €, Strom auf Anfrage.
Distanz: , Ⓗ 1,5 km, 1,5 km, 2 km.
Gastro: Imbiss am Badestrand von März-November geöffnet.
Freizeit: 7 km, 12 km, 1 km. Flohmarkt, Reihersee mit zwei Badestränden, Angeln, Kanuverleih am Platz, Reiten 2 km.

POI: Schiffshebewerk Scharnebeck 8 km, hist. Altstadt Lüneburg 10 km, Schleuse in Lauenburg 12 km, Altstadt Lauenburg mit Elbufer 12 km.
Anfahrt: An der B209 von Brietlingen in → Lauenburg rechts zum Reihersee abbiegen, mit dem Hinweis Freizeitgebiet Reihersee beschildert.
Kontakt: Martina Lohse-Düfel, ☎ 04133/3878
Weitere Stellplätze (siehe auch www.bordatlas.de):
Campingplatz am Reihersee, Auf den Bergen 96, Tel.: 04133/3226, www.campingplatzreihersee.de

MÜRITZSEE, MECKLENBURGISCHE SEENPLATTE

Tourist-Info
Straße der Deutschen Einheit 7
17207 Röbel/Müritz
Tel.: 039931/80113
www.stadt-roebel.de

Fläche (km²): 1,4
Das gibt's: See der Mecklenburgischen Seenplatte
Erlebnis: Baden, Angeln, Paddeln, Boot fahren, Wandern, Radeln

Buchholz-Camp

Dorfstraße 21 a
17209 Buchholz (bei Röbel)
Tel.: 039923/2457
www.buchholz-camp.m-vp.de

Hinter dem Campingplatz nahe dem Badestrand an der Südspitze des Müritzsee

GPS: 53°16'37.21"N/12°39'6.82"E

Platz: P Wohnmobil = 50, Pkw+Wohnwagen = 2 (< 12 m) auf Wiese. Direkt am Ufer, umgeben von Wäldern. Ankunft bis 22:00 Uhr, Abreise bis 13:00 Uhr, sonst weitere Tagesgebühr fällig. Geöffnet: April-Oktober.
Preis: 14 € inkl. Wasser, Entsorgung, Müll-Entsorgung. Jede weitere Pers. 4,50 €, Kind (bis 14 J.) 2,50 €, (15-18 J.) 3,50 €, Strom 2,50 € und 0,40 €/ kWh, Dusche 1 €/4 min, Hund 2 €.
Distanz: 0,4 km, 0,4 km, 11 km, H 12 km.
Gastro: Brötchenservice. Zur Linde, Hafenmeisterei.

Freizeit: 0,2 km. Müritzsee 0,1 km, Kanuverleih 10 km.
POI: Dorfkirche/Scheune Bollewick 10 km, Burg Wredenhagen mit Falknerei 10 km.
Anfahrt: A19 Ausfahrt Röbel, B198 → Neustrelitz, nach 8 km rechts → Buchholz.
Kontakt: Rohloff, ☎ 039923/2457, Mobil: 0160/97738238, mueritzcamp@web.de, www.buchholz-camp.m-vp.de

Weitere Stellplätze siehe www.bordatlas.de

KRONENBURGER SEE, EIFEL

Tourist-Info
Burgberg 22
54589 Stadtkyll
Tel.: 06597/2878
www.obereskylltal.info

Fläche (km²): 0,3
Das gibt's: Hochwasserrückhaltebecken und beliebtes Naherholungsgebiet in der Eifel, Liegewiese, Segel- und Surfschule, Bootsverleih
Erlebnis: Baden, Paddeln, Wandern, Radeln, Kinderspielplatz

Kronenburger See

Seeuferstraße
53949 Dahlem-Kronenburg
Tel.: 02447/95550
www.kronenburger-see.de

An der Naherholungsanlage am Stausee

GPS: 50°21'29.10"N/6°28'24.58"E

Platz: = 12 auf Wiese, Schotter. =20 (16 A) WC CHEM GRAU . Ganzjährig geöffnet.
Preis: 10 € inkl. Strom, Kurtaxe. Wasser 1 €/120 l, Entsorgung 1 €.
Distanz: Ⓗ 0,5 km, 0,5 km, 0,5 km, weitere Restaurants in 4 km, 4 km.
Gastro: Seeterrasse am Kronenburger See.
Freizeit: 1 km. Angeln, Wassersport, Tennis, Minigolf, Boccia, Miniscooter, Wasserspielgeräte und Beach-Volleyball.
POI: Hist. Ortskern Kronenburg 1 km, Krippen- und Eisenbahnmuseum 7 km, Besucherbergwerk Grube Wohlfahrt 12 km.
Anfahrt: Von Norden: A1 Abfahrt Blankenheim und auf B51 in → Trier die Abfahrt Kronenburg nehmen, auf B421 den Hinweisen für Kronenburg (See) folgen.
Kontakt: Zweckverband Kronenburger See, ☎ 02447/95550, buergermeister@dahlem.de, www.kronenburger-see.de

DIEMELSEE, SAUERLAND

Tourist-Info
Kirchstraße 6
34519 Diemelsee-Heringhausen
Tel.: 05633/91133
www.diemelsee.de

Fläche (km²): 1,7
Das gibt's: Talsperre im Hochsauerland am Rothaargebirge, Strandbad in Heringhausen
Erlebnis: Baden, Angeln, Segeln, Surfen, Kanu fahren, Tauchen, Wandern, Radeln

FAHRGASTSCHIFF MS MUFFERT

Kommunaler Terrassenparkplatz Hohes Rad

Am Zeltplatz 1
34519 Diemelsee-Heringhausen
Tel.: 05633/91133
www.diemelsee.de

Stellplatz am Ufer des Diemelsees

GPS: 51°21'52.31"N/8°43'9.80"E

Platz: = 30 auf Schotter. . Leicht schräge Stellplätze am Waldrand. Nächste VE Station am Ortsausgang von Heringhausen in 2 km. Ganzjährig geöffnet.
Preis: 5 €. Kurtaxe 1,50 €.
Distanz: Ⓗ 0,5 km, 1,3 km, weitere Restaurants in 1,5 km, 1,6 km, 7 km.
Freizeit: 1,4 km. Angeln, Schwimmen, Boot fahren, Segeln, Surfen, Minigolf, Schiffsrundfahrten 1 km, Golfpark 1,8 km.
POI: Visionarium Diemelsee 1,4 km, Aussichtsturm Dommel 8,5 km, Besucherbergwerk Grube 9 km, Kloster Flechtdorf 13 km.
Anfahrt: Von Diemelsee nach Heringhausen, dort der Beschilderung Campingpark Hohes Rad folgen.
Kontakt: Tourist-Info Diemelsee, ☎ 05633/91133, info@diemelsee.de, www.diemelsee.de

Weitere Stellplätze (siehe auch www.bordatlas.de):
Camping-Park Hohes Rad, Hohes Rad 1, Tel.: 05633/99099, www.camping-diemelsee.de

AMMERSEE, OBERBAYERN

Tourist-Info
Bahnhofstraße 15
86911 Dießen
Tel.: 08151/906010
www.diessen.de

Fläche (km²): 46,6
Das gibt's: Teil des Fünf-Seen-Landes, Badestrände, Bootsverleihe, Radwegenetz, Gastronomie mit Biergärten
Erlebnis: Baden, Angeln, Paddeln, Rudern, Kanu und Tretboot fahren, Segeln, Surfen, Beachvolleyball

PERSONENSCHIFFFAHRT

Wohnmobilstellplatz Dießen

Seestraße/Windermerestraße
86911 Dießen am Ammersee
Tel.: 08807/929417
www.tourist-info-diessen.de
Entlang der Seestraße beim P+R-Platz am Bahnhof

GPS: 47°57'10.86"N/11°6'18.60"E

Platz: P = 12 auf Schotter. =12 CHEM GRAU. Aufenthalt max. 3 Tage. Parkschein für jeden weiteren Tag bis 10:00 Uhr lösen. Lärmbelästigung durch Lage an Bahnlinie und Busparkparkplatz möglich. Ganzjährig geöffnet.
Preis: 12 €. Strom 1 €/4 h, Wasser 1 €/70 l, Entsorgung 1 €.
Distanz: , weitere Restaurants in 0,3 km, Ⓗ 0,2 km, 0,3 km, 0,3 km.
Freizeit: 2 km, 1 km. Segeln, Tret-/Ruderboot fahren, Minigolf, Strandbad St. Alban 2 km.

POI: Carl-Orff-Museum 0,3 km, Kath. Pfarrkirche Mariä Himmelfahrt, Marienmünster 2 km.
Anfahrt: A96 Ausfahrt 29 Greifenberg, weiter auf St2055 bis Dießen.
Kontakt: Tourist-Information, ☎ 08807/929417, info@tourist-info-diessen.de, www.tourist-info-diessen.de

EDERSEE, NATIONALPARK KELLERWALD-EDERSEE

Edersee Marketing
Hemfurther Straße 14
34537 Bad Wildungen
Tel.: 05623/99980
www.edersee.com

Fläche (km²): 11,8
Das gibt's: Flächenmäßig zweit- und vom Volumen her drittgrößter Stausee Deutschlands nahe der hessischen Stadt Waldeck
Erlebnis: Liegewiese Asel Süd, Bringhäuser Badebucht (Südufer), Rehbachstrand (Südufer, DLRG, flacher Zugang, gut für Familien, Personenfähre zur Halbinsel Scheid), Liegewiese Scheid (Ostufer), Strandbad Waldeck-West (Nordufer, DLRG, Plattform mit Rutsche), Tauchen, Segeln, Rudern, Angeln, Bootsverleih, Wandern, Surfschule (Südufer)

AQUAPARK SÜDLICH DER STAUMAUER

Wohnmobilstellplatz Rehbach

Am Eschelsberg
34549 Edertal-Rehbach
Tel.: 05623/8080
www.edertal.de

Ruhiger, öffentlicher Wohnmobilparkplatz an der Eder

GPS: 51°11'1.45"N/9°1'33.86"E

Platz: = 20 auf Wiese. Ganzjährig geöffnet.
Preis: Ab 6 €. 6 € bis 8 m, 10 € über 8 m.
Freizeit: Schiffsrundfahrten, Bootsverleih, Aquapark, Rehbachstrand 0,5 km, Edersee mit Sperrmauer 1 km, Wildpark Edersee 3 km.
POI: Standseilbahn zum Peterskopf (nimmt auch Fahrräder mit), Wildpark Edersee 3 km.
Kontakt: ☎ 05623/8080, gemeinde@edertal.de, www.edersee.com.

Weitere Stellplätze (siehe auch www.bordatlas.de):
Wohnmobilstellplatz Hemfurth/Edersee, Kraftwerkstraße, Tel.: 05623/8080, www.edersee.com

WALCHENSEE, OBERBAYERN

Gemeinde Kochel am See
Kalmbach 11
82431 Kochel am See
Tel.: 08851/92120
www.zwei-seen-land.de

Fläche (km²): 16,4
Das gibt's: Mit 190 Metern einer der tiefsten und einer der größten Alpenseen
Erlebnis: Baden, Tauchen, Wandern, Segeln, Windsurfen, Kiten

SEILBAHN ZUM HERZOGSTAND, WIKINGERDORF: DREHORT VON „WICKIE UND DIE STARKEN MÄNNER"

Nachtparkplatz Einsiedl

B11
82432 Einsiedl
Tel.: 08858/929168
www.nachtparkplatz-einsiedl.de
Stellplatz, 0,3 km vom Walchensee entfernt

GPS: 47°34'8.34"N/11°18'11.92"E

Platz: = 90 auf Schotter. =18 (16 A). VE ausgeschildert, Anfahrt 24 h, Abreise bis 11:00 Uhr, Aufenthalt max. 3 Nächte. Kein Winterdienst, kein Wasser bei Frost. Ganzjährig geöffnet. Im Winter witterungsabhängig.
Preis: 10 € inkl. Müll-Entsorgung. Strom 1 €/ kWh, Wasser 1 €/70 l.
Distanz: Ⓗ 0,2 km, 3,2 km, 3,2 km, 3,2 km.
Freizeit: Walchensee 0,3 km.

POI: Herzogstand 3,5 km, Walchensee-Kraftwerk 16 km.
Anfahrt: B11 Wallgau → Kochel, direkt an der Privatstraße zur Jacheneau, beschildert.
Kontakt: Familie Pangerl, info@nachtparkplatz-einsiedl.de, www.nachtparkplatz-einsiedl.de

HASELBACHSEE, OSTALBKREIS

Bürgermeisteramt
Hauptstraße 25
73488 Ellenberg
Tel.: 07962/90300
www.ellenberg.de

Fläche (km²): 0,2
Das gibt's: Beliebter See für Wassersportfreunde, liegt im Teilort Haselbach, Sandstrand und Liegewiese
Erlebnis: Baden, Segeln, Surfen, Angeln, Wandern

SEEFEST IM SOMMER

Campingplatz Sonneneck

Haselbach 12
73488 Ellenberg-Haselbach
Tel.: 07965/2359
www.camping-sonneneck.de
Übernachtungsplätze vor dem Campingplatz

GPS: 48°59'12.78"N/10°13'0.78"E

Platz: P / = 2 auf Rasengittersteine. =2 (16 A) CHEM GRAU . R wird empfohlen. Geöffnet: April-Oktober.
Preis: 21 € inkl. Wasser, Entsorgung, Dusche, Müll-Entsorgung, Kurtaxe, WC. Jede weitere Person 7 €, Kind (3-14 J.) 4 €, Strom 3 €, WLAN 3 €/Tag, Hund 2 €, Waschmaschine/Trockner je 3 €.
Distanz: Ⓗ , , weitere Restaurants in 0,5 km, 3 km, 3 km.
Gastro: Am Platz.
Freizeit: 4 km, 9 km, 9 km. Wassersport, Stadt- und Museumsführung, Badeufer am Platz.
POI: Schloss und Kirche in Ellwangen 10 km, Besucherbergwerk Aalen 25 km.
Anfahrt: A7 Ausfahrt Ellwangen, 9 km südwestlich von Dinkelsbühl.
Kontakt: Familie Uhl, ☎ 07965/2359, kontakt@camping-sonneneck.de, www.camping-sonneneck.de

GEIERSWALDER SEE, LAUSITZ

Tourist-Info
Braugasse 1
02977 Hoyerswerda
Tel.: 03571/2096170
www.lausitzerseenland.de

Fläche (km²): 6,2
Das gibt's: Liegt in der größten, von Menschenhand geschaffenen Wasserlandschaft Europas, dem Lausitzer Seenland, Badestrand, diverse Bootsverleihe, Wasserski, Beachvolleyball, Radwege
Erlebnis: Baden, Motorboot fahren, Floß fahren (motorisiert), Paddeln, Rudern, Kanu fahren, Stand-Up-Paddling (SUP), (Wind-)Surfen, Segeln, Tretboot fahren, Wakeboarden, Wasserski fahren, Angeln, Radfahren

Ferien & Freizeitpark Geierswalde

Promenadenweg 1-3
02979 Elsterheide-Geierswalde
www.geierswaldersee.de

Am Geierswalder See im Lausitzer Seenland

GPS: 51°29'43.39"N/14°7'57.42"E

Platz: = 100 auf Naturboden, Wiese. CHEM/Bio GRAU . R nur bei Gruppen. Anreise 10:00-12:00 Uhr und 14:00-18:00 Uhr. Geöffnet: 1.4.-30.10.

Preis: Ab 6 € inkl. Wasser, Entsorgung, Dusche, Müll-Entsorgung, WC. Strom 3,50 €. Je nach Stellplatzgröße 6-10 €.

Distanz: H , 0,5 km, weitere Restaurants in 1 km, 1 km, 6 km.

Gastro: Ulf's Scheune, der Leuchtturm, Zur Grubenlampe, Geierswalde 1 km.

Freizeit: 0,2 km. Volleyball, Quadtouren, Reiterhof, Badestrand 0,3 km, Skihalle 12 km.

POI: Landmarken (Aussichtsturm) 4 km.

Anfahrt: Über die Landstraße aus → Senftenberg, hinter dem Ortsausgangsschild links abbiegen (Achtung: nicht im Ort abbiegen), aus → Hoyerswerda vor dem Ortseingang rechts abbiegen, Geierswalder See ausgeschildert.

Kontakt: Ferien & Freizeitpark Geierswalde, urlaub@geierswaldersee.de, www.geierswaldersee.de

Weitere Stellplätze siehe www.bordatlas.de

ERLABRUNNER BADESEEN, UNTERFRANKEN

Gemeinde
Zellinger Straße 3
97250 Erlabrunn
Tel.: 09364/1320
www.weinort-erlabrunn.de

Fläche (km²): <0,1
Das gibt's: Badesee mit Liegewiese neben dem Main, eingebettet in ein Naherholungsgebiet
Erlebnis: Baden, Volleyball, Wandern, Radeln, Kinderspielplatz

Wohnmobilstellplatz Erlabrunner Badesee

Schleusenweg
97250 Erlabrunn
Tel.: 0931/468620
www.weinort-erlabrunn.de

Zwischen See und Sportgelände, am Nordufer der Erlabrunner Badeseen

GPS: 49°51'17.46"N/9°51'7.28"E

Platz: = 5 auf Pflaster. . Nächste VE Kläranlage Zellingen in 8 km, WC beim Badesee während der Kiosk-Öffnungszeiten.
Preis: 5 €. Strom 0,50 €/ kWh. Bezahlung beim Sportheim des TSV Erlabrunn, Strom über Automaten.
Distanz: 0,1 km, weitere Restaurants in 1,5 km, 1,5 km, 1,5 km, 6 km.
Gastro: Kiosk und Grillplatz am Badesee.
Freizeit: 6 km, 15 km, 15 km.
POI: Weingaden Thüngersheim 6,2 km, Schloss Veitshöchheim 13 km, Karlstadt 15 km, Würzburg 15 km.
Anfahrt: Von Würzburg 2. Abfahrt → Badesee und Sportgelände.
Kontakt: Verwaltungsgemeinschaft Margetshöchheim, ☎ 0931/468620, buergerbuero@vgem-margetshoechheim.bayern.de, www.weinort-erlabrunn.de

ATZMANNSEE, OBERPFALZ

Tourismuszentrum Oberpfälzer Wald
Mähriunger Straße 7
95643 Tirschenreuth
Tel.: 09631/88223
www.oberpfaelzerwald.de

Fläche (km²): 0,1
Das gibt's: Naturbadesee mit vielfältigen Sportmöglichkeiten
Erlebnis: Baden, Angeln, Wandern, Radeln, Fußball, Tischtennis, Minigolf

Freizeitanlage Atzmannsee

Sportplatzstraße
92693 Eslarn
Tel.: 09653/920735
www.eslarn.de

An der Freizeitanlage Atzmannsee mit Naturbadesee

GPS: 49°34'43.44"N/12°30'36.25"E

Platz: [Wohnmobil] = 3 auf Asphalt. [Wasser] [WC] [Grillen] [Liegewiese]. Aufenhalt max. 3 Tage. Ganzjährig geöffnet.
Preis: 5 € inkl. Müll-Entsorgung. Wasser und WC auf Anfrage.
Distanz: [Restaurant] 1 km, [Einkauf] 1 km, (H) 1,5 km.
Gastro: Speiselokale, Café, Wirtshäuser und Zoiglstum, Oberpfälzer Spezialitäten und Zoiglbier.
Freizeit: [Schwimmbad] 9 km, [Fahrrad] 1 km. Geführte Wanderungen, Minigolf.
POI: Barockkirche Mariä Himmelfahrt 1 km.
Anfahrt: A6 am Autobahnende vor der tschechischen Grenze Ausfahrt Waidhaus/Eslarn, südlich 7 km nach Eslarn. Beschilderung Freizeitanlage Atzmannsee folgen.
Kontakt: Markt Eslarn, ☎ 09653/920735, tourismus@eslarn.de, www.eslarn.de

Weitere Stellplätze (siehe auch www.bordatlas.de):
Am Biererlebnis Kommunbrauhaus, Brennerstraße 28, Tel.: 09653/92070, www.eslarn.de/kommunbrauhaus.htm

ERIKASEE, EMSLAND

Tourist-Info
Dorfplatz 2
26897 Esterwegen
Tel.: 05955/902378
www.sg-nordhuemmeling.de

Fläche (km²): 0,1
Das gibt's: See mit 200 Meter langer Badestelle, beliebt bei Familien
Erlebnis: Baden, Skaten, Minigolf, Abenteuerspielplatz

Wohnmobilstellplatz am Erikasee

Zum Erikasee
26897 Esterwegen
Tel.: 05955/902378
www.esterwegen.de

Am Erikasee mit sehr langer Zufahrt

GPS: 52°59'36.91"N/7°40'5.87"E

Platz: = 10 auf Schotterrasen, Pflaster, Rasengittersteine. =12 (16 A) WC CHEM GRAU . Ganzjährig geöffnet.
Preis: Übernachtung gratis inkl. Entsorgung, WC. Strom 1 €/2 kWh, Wasser 1 €/100 l.
Distanz: 0 km, weitere Restaurants in 3 km, H 2 km, 2 km, 2 km.
Gastro: Imbiss & Café beim Eri[ca]fé, Hotel Graf Balduin in Esterwegen.
Freizeit: 10 km, 20 km. Minigolfanlage, Tretbootverleih, MoorInfo-Pfad 2,1 km.

POI: Kloster Esterwegen mit Meditationsräumen 2 km, Gedenkstätte Emslandlager 2 km, St.-Johannes-Kirche und Altes Herrenhaus 2,5 km.
Anfahrt: Von Westen: Vom Küstenkanal (B401) bis Ortsmitte, der Beschilderung folgen. Von Osten: B401 über die Küstenkanalbrücke in → Ortsmitte, der Ausschilderung folgen.
Kontakt: Gemeinde Esterwegen, Norbert Rosema, ☎ 05955/902378, Fax: 05955/902376, norbert.rosema@nordhuemmling.de, www.esterwegen.de

KELLERSEE, HOLSTEINISCHE SCHWEIZ

Tourist-Info
Markt 19
23701 Eutin
Tel.: 04521/70970
www.holsteinischeschweiz.de

Fläche (km²): 5,6
Das gibt's: See in der Holsteinischen Schweiz, durchflossen vom Fluss Schwentine
Erlebnis: Baden, Angeln, Boot fahren, Wandern, Radeln

Naturpark-Camping Prinzenholz

Prinzenholzweg 20
23701 Eutin
Tel.: 04521/5281
www.naturpark-camping-prinzenholz.de

Am Kellersee in der Holsteinischen Schweiz mit eigener Badestelle

GPS: 54°9'39.93"N/10°36'7.20"E

Platz: = 2 auf Sand/Splitt. =2 (17 A) WC CHEM GRAU . Weitere Stellplätze auf dem Gelände zu den Campingpreisen. Geöffnet: Ostern bis 31.10.
Preis: Ab 19 € inkl. Strom, Wasser, Entsorgung, Dusche, WC, Müll-Entsorgung, WLAN. Jede weitere Pers. 8,50 €, Kind (2-14 J.) 4 €, Hund 4 €. NS 19 €, 30.4.-6.6. 20 €, 20.6.-30.8. 20 €.
Distanz: , 0,2 km, Ⓗ 0,5 km, 2 km.
Gastro: Brötchenservice (Bestellung bis 16:00 Uhr), Café am Campingplatz von 9:00-18:00 Uhr.
Freizeit: 2 km. Wassersport, Reiten, Tischtennis, Beach-Volleyball, Badminton- und Soccerplatz.
POI: Bräutigams Eiche, Immenhof/ Gut Rothensande, Weingut Ingenhof, Altstadt Eutin 2 km.
Anfahrt: A1 Hamburg → Lübeck/Puttgarden. Abfahrt Eutin, B76 → Eutin. Ausfahrt Malente/Bosau. 3 km → Malente. Ampelkreuzung Wohnanlage Wilhelmshöhe nach 350 m rechts.
Kontakt: Naturparkcamping Prinzenholz, ☎ 04521/5281, info@nc-prinzenholz.de, www.naturpark-camping-prinzenholz.de

GABELSEE, BRANDENBURG

Tourist-Info
Mittelstraße 10
15306 Seelow
Tel.: 03346/849808
www.oderbruch-tourismus.de

Fläche (km²): 0,3
Das gibt's: See im Naturschutzgebiet, Badestellen, Liegewiesen, naturbelassene Waldwege, Betreten auf eigene Gefahr
Erlebnis: Baden, Wandern, Radeln

Parkplatz Gabelsee

Am Gabelsee 2
15306 Falkenhagen (Mark)
Tel.: 0162/6701160
www.amt-seelow-land.de

Auf öffentlichem Parkplatz nahe Seehotel Luisenhof

GPS: 52°25'9.00"N/14°18'50.00"E

Platz: P / = 2 auf Pflaster, Rasengittersteine. . Ganzjährig geöffnet.
Preis: Übernachtung gratis.
Distanz: 0,5 km, weitere Restaurants in 1 km, 1 km, Ⓗ 1,5 km, 15 km.
Freizeit: Wassersport, Minigolf im Ort, Tennis.
POI: Mittelalterliche Feldsteinkirche (Ausstellung Sarin) 1 km, Gedenkstätte Seelower Höhen 14 km, Kunstspeicher (B167) in Friedersdorf 16 km.
Anfahrt: A12 Ausfahrt Müllrose nördlich B5 Ausfahrt Luisenhof.

Kontakt: Gemeinde Falkenhagen, Mobil: 0162/6701160, info@amt-seelow-land.de, www.amt-seelow-land.de

Weitere Stellplätze (siehe auch www.bordatlas.de):
Sport- und Freizeitanlage Schwarzer See, Ernst-Friedrich-Schumann-Straße 1, www.falkenhagen-mark.de

SILBERSEE, SCHWALM-EDER-KREIS

Tourist-Info
Ziegenhainer Straße 2
34621 Frielendorf
Tel.: 05684/7827
www.frielendorfaktiv.de

Fläche (km²): 0,1
Das gibt's: Tagebaurestsee im Knüllgebirge, beliebtes Naherholungsgebiet
Erlebnis: Baden, Angeln, Wandern, Mountainbiken, Tretboot und Kanu fahren

GANZJÄHRIG BEFAHRBARER MOUNTAINBIKE-PARCOURS

Wohnmobilpark Silbersee

Zum Silbersee
34621 Frielendorf
Tel.: 0172/7230666
www.wohnmobilpark-silbersee.de

Am Nordwestrand des Knüllgebirges, in Seenähe

GPS: 50°59'2.22"N/9°20'45.88"E

Platz: = 40 auf Schotterrasen, Wiese, Schotter. =40 (6 A) WC CHEM GRAU. nur bei Gruppen. Geöffnet: Apr-Okt.
Preis: 11 € inkl. Wasser, Entsorgung, Müll-Entsorgung. Strom 2 €, Dusche 1 €/5 min. Kurtaxe zzgl.
Distanz: 0,3 km, 0,4 km, 1 km, 2 km.
Gastro: Brötchenservice/Rollender Supermarkt ab 9:00 Uhr am Platz, mehrere Restaurants fußläufig zu erreichen.
Freizeit: 0,3 km, 0,3 km. Badesee mit Liegewiese 0,3 km, Streichelzoo 0,3 km, Familien-Wellness-Bad 0,3 km, Sommerrodelbahn 0,4 km, Tretbootverleih 0,4 km, Minigolf 0,4 km, Kinder-Spiele-Land 0,4 km, 3D-Bogensport-Parcours 0,5 km, Reiterhof/Ponyreiten 1,2 km.
POI: Gebrüder-Grimm-Märchenstraße, Fachwerkstadt Homberg 5 km, Aussichtsturm Hohe Knüll 7 km, Wild- und Tierpark Knüll 8 km.
Anfahrt: B254 Alsfeld-Kassel bis Frielendorf → Silbersee.
Kontakt: Tom Althaus, Mobil: 0172/7230666, info@wohnmobilpark-silbersee.de, www.wohnmobilpark-silbersee.de

THÜLSFELDER SEE, OLDENBURGER MÜNSTERLAND

Erholungsgebiet Thülsfelder Talsperre
Bürgermeister-Winkler-Straße 19-21
49661 Cloppenburg
Tel.: 04471/15256
www.thuelsfelder-talsperre.de

Fläche (km²): 1,7
Das gibt's: Eine der nördlichsten Talsperren Deutschlands, liegt zwischen Cloppenburg und Friesoythe mit familienfreundlichem Freizeitangebot
Erlebnis: Badestellen: im Norden im Ortsteil Thülsfelde mit Liegewiese, kleiner und großer Badestrand im Süden im Ortsteil Petersfelde, Wandern, Radeln

Hotel Seeblick

Seeblickstraße 3
26169 Friesoythe-Thülsfelde
Tel.: 04495/92750
www.hotel-seeblick-goeken.de
Grünfläche an der Thülsfelder Talsperre/Hotel-Parkplatz

GPS: 52°56'3.69"N/7°55'51.47"E

Platz: = 4 auf Wiese. . Anmeldung an der Hotel-Rezeption. VE und weitere Stellplätze auf dem angeschlossenen Campingplatz. Ganzjährig geöffnet.
Preis: 6 € inkl. WC. Kind (0-15 J.) 3 €, Strom 3 €.
Distanz: 0 km, Ⓗ 1 km, 3 km, 8 km.
Gastro: Warme Küche März-Oktober 12:00-14:30 Uhr und 17:30-21:30 Uhr, November-Februar eingeschränkte Öffnungszeiten.
Freizeit: Badestelle 0,2 km, Kletterwald Nord 0,5 km, Tierpark Thüle 3 km, Golfplatz 4 km, Reithalle 7 km, Vehnemoor 8 km, Hochmoor Molberger Dose 10 km, Tennisplätze 11 km.
POI: Alte Kirchen und Großsteingräber 5 km, Wallfahrtsort Bethen 12 km, Museumsdorf Cloppenburg 13 km.
Anfahrt: B72 Ausfahrt Thülsfelder Talsperre Nord, nach 700 m links abfahren in die Seeblickstraße.
Kontakt: Hotel-Restaurant-Café Seeblick, ☎ 04495/92750, Fax: 04495/927514, info@hotel-seeblick-goeken.de, www.hotel-seeblick-goeken.de

PETERSDORFER SEE, MECKLENBURGER SEENPLATTE

Tourist-Info
Bahnhofsplatz 4
15526 Bad Saarow
Tel.: 033631/438380
www.scharmuetzelsee.de

Fläche (km²): 0,2
Das gibt's: Kleiner See nördlich von Bad Saarow, gehört zum Gebiet des Scharmützelsees, kleine Badestelle im Norden des Sees
Erlebnis: Baden, Angeln, Wandern, Radeln, Boot fahren

Lenzer Hafen

Zum Hafen 1
17213 Fünfseen-Lenz-Süd
Tel.: 039932/12385
www.lenzer-hafen.de

Direkt am Kanal, zwischen Plauer- und Petersdorfer See, neben der Hafengaststätte

GPS: 53°28'6.18"N/12°20'58.74"E

Platz: = 25 auf Wiese, Schotter. =32 (16 A) WC GRAU. Anfahrt 24 h, Res. ab 3 Tagen, 10 Plätze direkt am Kanal in Hafennähe. WC-Ents. ohne Chemie, ohne Bio-Zusätze. Geöff.: April-Oktober.
Preis: 19,80 € inkl. Wasser, Entsorgung, WC, Müll-Entsorgung. Jede weitere Pers. 1,50 €, Strom 1 €/2 kWh, Dusche 1,50 €, Hund 2 €.
Distanz: 0 km, 4 km, 5 km, Ⓗ 6 km.
Gastro: Lenzer Hafen, warme Küche 12:00-20:00 Uhr, Brötchenservice/Frühstück, weitere Restaurants: Lenzer Krug, Strandperle.

Freizeit: 4 km. Geführte Bootstouren, Angeln, Bootsvermietung (auch führerscheinfreie Boote), Ausbildung Bootsführerschein am Platz, Pannenservice, Badestrand 0,1 km.
POI: Bärenwald am Plauer See, DDR-Museum Malchow, agrarhist. Museum Alt-Schwerin 8 km.
Anfahrt: A19 Ausf. Waren/Petersdorf und die B192 Abzweig Lenz.
Kontakt: Susanne Malow, ☎ 039932/12385, info@lenzer-hafen.de, www.lenzer-hafen.de

SCHWEDTSEE, FÜRSTENBERGER SEENGEBIET

Tourist-Info
Markt 5
16798 Fürstenberg
Tel.: 033093/32254
www.fuerstenberg-havel.de

Fläche (km²): 0,8
Das gibt's: Einer von drei Seen, welche die Stadt Fürstenberg/Havel einrahmen
Erlebnis: Baden, Angeln, Boot fahren, Wandern, Radeln

Marina Fürstenberg

Ravensbrücker Dorfstraße 26 b
16798 Fürstenberg/Havel
Tel.: 033093/39203
www.marina-fuerstenberg.de

Ruhiges Gelände an der Nordspitze des Schwedtsees

GPS: 53°11'34.71"N/13°8'58.33"E

Platz: P = 65 auf Schotterrasen, Wiese. =73 (16 A) WC CHEM GRAU . R Preise gelten für den Anreisetag bis Folgetag 12:00 Uhr. Reservierung ab 5 Übernachtungen. Geöffnet: April-Ende Oktober.
Preis: 14 € inkl. Entsorgung, WC, Müll-Entsorgung, WLAN, Hund. Jede weitere Pers. 3 €, Strom 0,60 €/ kWh, Wasser 1,50 €/100 l, Dusche 0,50 €/2 min. Jeder weitere Hund 1 €. Platz am See (hundefrei) 2 € Aufpreis.
Distanz: 0 km Ⓗ 0,5 km, 1,5 km.

Gastro: Gasthaus zum Seestern, warme Küche 12:00-22:00 Uhr, Brötchenservice.
Freizeit: 2 km, 1 km. Wassersport.
POI: Gedenkstätte Ravensbrück 1,3 km.
Anfahrt: B96 von Neustrelitz, vor Fürstenberg nach Lychen/Ravensbrück abbiegen, rechts zum See. B96 aus Berlin, rechts in → Lychen/Himmelpfort, bei Gabelung rechts.
Kontakt: Marina Fürstenberg, ☎ 033093/39203, marina-fuerstenberg@t-online.de, www.marina-fuerstenberg.de

GRAFENRHEINFELDER BADESEE, UNTERFRANKEN

Gemeinde
Marktplatz 1
97506 Grafenrheinfeld
Tel.: 09723/91330
www.grafenrheinfeld.de

Fläche (km²): <0,1
Das gibt's: Teil der Seenplatte aus der Schleife des Altmains mit Sandstrand
Erlebnis: Baden, Wandern, Radeln

Wohnmobilstellplatz am Naturbadesee

Hermasweg
97506 Grafenrheinfeld
Tel.: 09723/91330
www.tourismus.grafenrheinfeld.de

An der Naherholungsanlage Altmainschleife Nord bei Schweinfurt

GPS: 50°0'28.57"N/10°12'10.96"E

Platz: = 9 auf Schotter. =10 CHEM GRAU. Bei defektem Parkscheinautomaten Gebühr in der Bibliothek/im Rathaus bezahlen. Leinenpflicht für Hunde. Ganzjährig geöffnet.
Preis: 6 € inkl. Entsorgung, Müll-Entsorgung, Kurtaxe. Strom 0,50 €/ kWh, Wasser 1 €/100 l.
Distanz: 0,3 km, weitere Restaurants in 0,5 km, Ⓗ 0,7 km, 0,7 km, 0,7 km.
Gastro: Kiosk am Badesee. Gaststätte Reiterklause, Hermasweg.
Freizeit: 5 km, 5 km, 3 km. Naherholungsanlage Altmainschleife Nord mit Naturbadesee und Sportstätten, Bildstockwanderweg.
POI: Georg-Schäfer-Museum, Pfarrkirche Kreuzauffindung, Alte Amtsvogtei, Kirchenschatzmuseum 0,7 km.
Anfahrt: A70 Ausfahrt Grafenrheinfeld, nach dem Ortsschild 1. Straße rechts bis ans Ende fahren.
Kontakt: Tourist-Info, ☎ 09723/91330, gemeinde@grafenrheinfeld.de, www.tourismus.grafenrheinfeld.de

DRILANDSEE, MÜNSTERLAND

Tourist-Info
Konrad-Adenauer-Straße 45
48599 Gronau
Tel.: 02562/99006
www.gronau-inside.de

Fläche (km²): 2,8
Das gibt's: Der Drilandsee, auch Dreiländersee genannt, liegt nördlich von Gronau im Kreis Borken, Westfalen.
Erlebnis: Baden, Tretbootfahren, Minigolf, Segeln, Surfen, Reiten, Wandern

ROCK'N'POP-MUSEUM

Camping- & Freizeitanlagen Dreiländersee

Hagelsweg
48599 Gronau
Tel.: 01511/5220033
www.campingplatz-gronau.com

Direkt am Dreiländersee. Kennzeichnung: P2 und P3

GPS: 52°14'13.27"N/7°4'49.98"E

Platz: P = 200 auf Wiese. =40 (16 A) CHEM GRAU . Stellplatztickets können an der Rezeption gekauft werden. Ganzjährig geöffnet.
Preis: 10 € inkl. Entsorgung. Strom 1 €/2 kWh, Wasser 0,50 €.
Distanz: H 0,5 km, 4 km, 4 km.
Gastro: Bistro am Campingplatz, Haus am See, Seeblick Restaurant.
Freizeit: 6 km, 5 km, 5 km. Boot fahren, Surfen, Soccer, Minigolf, Reitplatz, Stand-Up-Paddling, Angeln, Tennisplatz, ehemaliges Landesgartenschaugelände 3 km.
POI: Rock- und Popmuseum Gronau 3 km, Geologisches Freilichtmuseum Bad Bentheim 12 km.
Anfahrt: A30, A31, B54 bis Gronau, der Beschilderung zum Dreiländersee folgen.
Kontakt: Camping- & Freizeitanlagen Dreiländersee, Kirsten Hewing, Mobil: 01511/5220033, info@campingplatz-gronau.com, www.campingplatz-gronau.com

BADESEE GROSSHEIDE, OSTFRIESLAND

Tourist-Info
Schlossstraße 10
26532 Großheide
Tel.: 04936/3179300
www.grossheide.info

Fläche (km²): <0,1
Das gibt's: Bagger- und Freizeitsee in der ostfriesischen Gemeinde Großheide mit Sandstrand und Beachvolleyballfeld
Erlebnis: Baden, Wandern, Radeln, Angeln, Segeln, Surfen, Boot fahren

Reisemobilstellplatz an der Kieselbucht

Kruisweg
26532 Großheide
Tel.: 04936/3179320
www.grossheide.info/urlaub/wohnmobilstellplatze

Am Badesee mit Ostfrieslands erstem Palmenstrand

GPS: 53°35'14.00"N/7°21'56.00"E

Platz: = 5 auf Schotterrasen. Ganzjährig geöffnet. Dixi-Toiletten vom 15.5. bis 15.9. Ver- und Entsorgung noch nicht vorhanden.
Preis: Übernachtung gratis.
Distanz: 0,4 km, 0,9 km, 1 km, 1,1 km.
Gastro: Mehrere Restaurants im Ort.
Freizeit: 2 km, 3 km. Badesee, Palmenstrand, Beachvolleyballplätze, Tretboot- und Paddelbootverleih 3 km.
POI: Wald-/Moormuseum Berumerfehn 3 km, Tjaden-Mühle, Südcoldinne/Rote Mühle 3 km, historischer Torfkahn 3 km, Ewiges Meer 6 km, Nordsee 17,5 km.
Anfahrt: Kruisweg (bis max. 6 t).
Kontakt: Stephan Hinrichs, ☎ 04936/3179320, urlaub@grossheide.de, www.grossheide.info/urlaub/wohnmobilstellplatze

■ STÖRMTHALER SEE, LEIPZIGER SEENLAND

Tourist-Info
Katharinenstraße 8
04109 Leipzig
Tel.: 0341/7104260
www.leipzig.travel

Fläche (km²): 7,3
Das gibt's: Gefluteter Braunkohletagebau, Teil des Leipziger Neuseenlandes
Erlebnis: Baden, Angeln, Segeln, Wandern, Radeln

Wohnmobilhafen Lagovida

Hafenstraße 1
04463 Großpösna
Tel.: 034206/7750
www.lagovida.de

Auf drei Terrassen angelegter Stellplatz mit Blick auf den Störmthaler See

GPS: 51°13'30.42"N/12°26'49.17"E

Platz: P / = 45 auf Schotterrasen, Pflaster, Wiese, Schotter. =90 (16 A) WC CHEM GRAU . R wird empfohlen. Ganzjährig geöffnet. Ausnahme: November-März auf Anfrage ohne Wasseranschluss.
Preis: Ab 16 € inkl. Kurtaxe, WLAN. Servicepauschale für Strom, Wasser, Entsorgung, Dusche, WC und Müll-Entsorgung 2,50 €/Pers., Waschmaschine/Trockner ab 1 €. Je nach Platz 16-26 €. Gespanne zzgl. 5 €. Kaution für Schlüssel: 20 € in bar.
Distanz: 6 km, 10 km, 10 km.

Gastro: Warme Küche 12:00-22:00 Uhr, Casa Marina, Frühstück 7:00-10:00 Uhr.
Freizeit: 15 km. Direkter Strandzugang, Minigolfanlage, Wassersport, Freizeitpark Belantis 19 km.
POI: Bergbau-Technik-Park, Vineta 1 km.
Anfahrt: A14 → Leipzig, am Dreieck Parthenaue auf A38 → Göttingen, Ausfahrt Leipzig Süd-Ost, weiter → Störmthal, 4 km nach Ortsausgang rechts abbiegen, F95 → Magdeborner Halbinsel.
Kontakt: Nicole Brief, ☎ 034206/7750, info@lagovida.de, www.lagovida.de

MOOSWALDSEEN, BAYERISCH SCHWABEN

Tourist-Info
Schlossplatz 1
89312 Günzburg
Tel.: 08221/200444
www.guenzburg-tourismus.de

Fläche (km²): <0,1
Das gibt's: Die Mooswaldseen bilden sich aus vier einzelnen Seen: Nördlicher sowie Südlicher Mooswaldsee, plus je West und Ost
Erlebnis: Baden an großen Liegeflächen (Nördlicher See West), mit Hund (Nördlicher See Ost), Wandern, Radeln, Angeln, Tauchen, Elektrobootfahren

Camping Gutshof Donauried

Heidenheimer Straße 115
89312 Günzburg
Tel.: 08221/2076946
www.campingplatz-guenzburg.de

Auf einem ehemaligen Gutshof mit direktem Zugang zum Badesee

GPS: 48°29'16.59"N/10°15'18.18"E

Platz: P / = 25 auf Schotter. =25 (16 A) WC CHEM GRAU . R wird empfohlen. Bezahlung beim Betreiber, Mittagspause HS 12:00-14:00 Uhr, NS 12:00-15:00 Uhr. Geöffnet: April-Oktober (Winter auf Anfrage).
Preis: Ab 17 € inkl. Entsorgung, WC, Müll-Ents., WLAN. Jede weitere Pers. 4,50 €, Kind (6-15 J.) 3,50 €, Strom 1 €/ kWh, Wasser 0,50 €/60 l, Dusche 0,50 €/5 min, Hund je 1,50 €, Waschmaschine 2,50 €, Trockner 3,50 €. Komfortplatz 19 €.
Distanz: Ⓗ 0,1 km, 0,8 km, 5 km, 5 km.
Gastro: Bistro/Kiosk April-Oktober, Brötchenservice, Küche 17:00-19:30 Uhr, in der HS bis 21:00 Uhr.
Freizeit: 3 km, 10 km, 5 km. Zugang zum Badesee, Kartbahn 1,5 km, Minigolf 3 km, Tennisplatz 3,5 km, Wasserski 8 km, Legoland 8 km.
Anfahrt: A8 Ausfahrt Günzburg, B16 → Dillingen, über die Donau, 2. Straße links → Heidenheim. Oder A7 Ausfahrt Niederstotzingen → Günzburg.
Kontakt: Camping Gutshof Donauried, ☎ 08221/2076946, info@campingplatz-guenzburg.de, www.campingplatz-guenzburg.de

■ ALTMÜHLSEE, MITTELFRANKEN

Tourist-Info
Rathausstraße 12
91710 Gunzenhausen
Tel.: 09831/508300
www.fraenkisches-seenland.de

Fläche (km²): 4,5
Das gibt's: Stausee südwestlich von Nürnberg, Teil des Fränkischen Seenlandes
Erlebnis: Baden an vielen Liegewiesen und -stränden, Segeln, Surfen, auch Surfschulen, Kiten, Angeln, Bootsvermietung, Fahrgastschiff, Wandern

GRÖßTES BAYERISCHES BRUTVORKOMMEN DER SCHWARZKOPFMÖWE

Stellplatz am Altmühlsee/Surfufer

Ansbacher Straße 99
91710 Gunzenhausen-Schlungenhof
Tel.: 09831/508191
www.altmuehlsee.de

Am Surfzentrum, 100 m vom See entfernt

GPS: 49°7'54.69"N/10°44'7.29"E

Platz: = 85 auf Schotterrasen, Wiese. =65 WC CHEM GRAU. Geöffnet: 1.4.-31.10.
Preis: Ab 6 € inkl. Strom, Entsorgung, Müll-Ents. Wasser 0,20 €/40 l, Dusche 0 €/Pers. Tagesticket (8:00-18:00 Uhr) 6 €, Übernachtung (18:00-8:00 Uhr) 11 €, Kombiticket (18:00-18:00 Uhr) 14 €.
Distanz: 0,5 km, Ⓗ 1 km, 1,5 km, 2 km.
Gastro: Warme Küche 11:00-18:00 Uhr, Frühstücksservice ab 7:30 Uhr.
Freizeit: 4,5 km, 3 km. Surfen/Surfschule, Führungen auf der Vogelinsel, Bade- und Hundestrand, Bungee-Trampolin, Fahrgastschiff.
POI: Wasserschloss/Stadtkirche 1 km, Jagdschloss 3,5 km, Museen 3,5 km, Stadt-/Turmführungen in Gunzenhausen 3,5 km.
Anfahrt: An der B13 zwischen Gunzenhausen-Schlungenhof und Muhr am See.
Kontakt: Zweckverband Altmühlsee, ☎ 09831/508191, info@altmuehlsee.de, www.altmuehlsee.de

Weitere Stellplätze siehe www.bordatlas.de

HALTERNER STAUSEE, MÜNSTERLAND

Tourist-Info
Markt 1
45721 Haltern am See
Tel.: 02364/933365
www.haltern-am-see.de

Fläche (km²): 3,1
Das gibt's: Talsperre mit 800 Meter langem Sandstrand
Erlebnis: Baden, Segeln

AUSFLUGSSCHIFF MÖWE, SYTHENER MÜHLE

Wohnmobilpark Haltern am See

Hullerner Straße 45-49
45721 Haltern am See
Tel.: 02364/924027
www.wohnmobilpark-haltern.de
Nahe dem Halterner Stausee, am Freizeitbad Aquarell

GPS: 51°44'30.72"N/7°12'2.55"E

Platz: P = 30 auf Rasengittersteine. =30 (16 A) WC CHEM GRAU. Anfahrt 24 h. Platz beleuchtet. Zeitnahe Bezahlung am Automaten erforderlich. Ganzjährig geöffnet.
Preis: 11 € inkl. Entsorgung, WC, Müll-Entsorgung, Kurtaxe, WLAN. Strom 0,50 €/ kWh, Wasser 1 €/100 l, Dusche (Freizeitbad) 1,50 €/Pers., VE für Durchreisende 5 €. Sonderkonditionen im Freizeitbad Aquarell für Platzgäste.
Distanz: 0,6 km, Ⓗ 0,8 km, 1 km, 1,5 km.
Gastro: Bistro in Freizeitbad.

Freizeit: 0,1 km, 0,1 km, 2 km. Seebad 0,5 km, Seerundfahrt 1 km, Kanu-/Tretbootverleih 4 km, Naturwildpark 10 km, Freizeitpark 10 km.
POI: Altstadt 0,6 km, LWI-Römermuseum 4 km.
Anfahrt: A43 Ausfahrt Haltern → Stadtmitte, Seestadthalle.
Kontakt: Stadtwerke Haltern am See GmbH, ☎ 02364/924027, aquarell@stadtwerke-haltern.de, www.wohnmobilpark-haltern.de

Weitere Stellplätze siehe www.bordatlas.de

LAGO LAPRELLO, NORDRHEIN-WESTFALEN

Tourist-Info
Valkenburger Straße 45
52525 Heinsberg
Tel.: 02452/131415
www.heinsberger-land.de

Fläche (km²): 0,4
Das gibt's: Baggersee am Rande von Heinsberg
Erlebnis: Baden, Tretboot fahren

Reisemobilstellplatz Heinsberg am Lago

Fritz-Bauer-Straße 3
52525 Heinsberg
Tel.: 02452/6878072
www.3h-reisemobilstellplatz.de

Ruhig, am Seeufer

GPS: 51°4'23.84"N/6°5'36.43"E

Platz: = 30 auf Schotterrasen. =44 (16 A) CHEM GRAU . An-/Abreise 6:00-22:00 Uhr. Ganzjährig geöffnet.
Preis: 10 € inkl. Entsorgung, Müll-Entsorgung, Kurtaxe. Strom 0,50 €/ kWh, Wasser 1 €/100 l. 13 weitere Stellplätze für 5 €.
Distanz: , weitere Restaurants in 0,8 km, Ⓗ 0,2 km, 0,8 km, 0,8 km.
Gastro: Laguna Beach Club am Platz, warme Küche 12:00-22:00 Uhr.
Freizeit: 2 km. Badestrand mit Bootsverleih.

POI: Parkanlage Burg- und Kirchberg 1,5 km, Heinsberger Torbogenhaus/Museum 2 km.
Anfahrt: A46 bis Abfahrt Heinsberg, rechts auf B221 bis zum Ende, dann rechts über die Ampelanlagen und im Kreisverkehr geradeaus. Erste Straße rechts (Zufahrt über Fritz-Bauer-Straße).
Kontakt: Herr Heinrichs, ☎ 02452/6878072, info@3h-reisemobilstellplatz.de, www.3h-reisemobilstellplatz.de

HOHNSENSEE, NIEDERSACHSEN

Tourist-Info
Rathausstraße 20
31134 Hildesheim
Tel.: 05121/17980
www.hildesheim.de

Fläche (km²): <0,1
Das gibt's: Kleiner Kiessee mit Strandbad südlich der Neustadt von Hildesheim
Erlebnis: Baden, Wandern, Radeln

Stellplatz am Hohnsensee

Hohnsen
31134 Hildesheim
Tel.: 05121/17980
www.hildesheim.de/tourismus

Stellflächen mit Blick auf den See

GPS: 52°8'20.31"N/9°57'14.13"E

Platz: = 4 auf Schotter. Leinenpflicht für Hunde, barrierefreie Münztoilettenanlage, Entsorgung in der Kläranlage, Kanalstraße 50. Aufenthalt max. 2 Nächte. Ganzjährig geöffnet.
Preis: Übernachtung gratis.
Distanz: 0,3 km, weitere Restaurants in 1 km, Ⓗ 0,5 km, 1,4 km, 2,4 km.
Gastro: Noah Restaurant & Café.
Freizeit: 0,7 km, 3 km, 1,3 km. Segway-Touren, Bewegungsparcours, im Sommer JoBeach und Freibad JoWiese, Badesee 0,1 km, Hundefreilauffläche 0,5 km.
POI: St. Godehard mit Fachwerkviertel 1 km, UNESCO-Welterbe Mariendom 1,5 km, UNESCO-Welterbe St. Michaelis und historischer Marktplatz 1,9 km.
Anfahrt: B1 bis Abfahrt B243, weiter bis Abfahrt Hohnsen, Ankunft nach 500 m.
Kontakt: Hildesheim Marketing, Tourist-Info, ☎ 05121/17980, tourist-info@hildesheim-marketing.de, www.hildesheim.de/tourismus

BADESEE HODENHAGEN, ALLER-LEINE-TAL

Tourist-Info
Bahnhofstraße 30
29693 Hodenhagen
Tel.: 95164/970781
www.urlaub-aller-leine-tal.de

Fläche (km²): 0,1
Das gibt's: Badesee neben dem Stellplatz mit Sandstrand
Erlebnis: Baden, gut für Kinder geeignet, Wandern, Radeln

Stellplatz an der Aller-Meiße-Halle

Volksloh/Am Stege
29693 Hodenhagen
Tel.: 05164/970781
www.ahlden.info
Stellplatz direkt an der Meiße

GPS: 52°45'37.76"N/9°35'20.96"E

Platz: P = 6 auf Pflaster. ♿ =6 (6 A) CHEM GRAU . Badesee, Minigolfanlage, Kiosk. VE von April-Oktober. Ganzjährig geöffnet.
Preis: Übernachtung gratis. Strom 1 €/12 h, Wasser 1 €.
Distanz: 0,3 km, weitere Restaurants in 0,4 km, 0,4 km, 0,5 km, Ⓗ 0,5 km.
Gastro: Restaurant Café am Deich 0,2 km.
Freizeit: 0,1 km, 9,3 km. Reiten, Segelfliegen, Fallschirmspringen, Kutsch-/Planwagenfahrten, Tennis, Angeln, Minigolf, Serengetipark Hodenhagen 2,2 km, Schloss Bothmer 6,9 km, Vogelpark Walsrode 14 km.
POI: Brinkanlage Hodenhagen 0,3 km, Schloss Ahlden 2 km, Kloster Walsrode 11 km.
Anfahrt: A7 Ausfahrt Hodenhagen → Hodenhagen, dann der Beschilderung folgen.
Kontakt: Samtgemeinde Ahlden, ☎ 05164/970781, touristinfo-samtgemeinde@ahlden.eu, www.ahlden.info

UNTREUSEE, OBERFRANKEN

Tourist-Info
Ludwigstraße 24
95028 Hof
Tel.: 09281/8157777
www.hof.de

Fläche (km²): 0,6
Das gibt's: Künstlich angelegter Badesee südlich der Stadt, beliebtes Naherholungsgebiet
Erlebnis: Baden, Segeln, Surfen, Angeln, Wandern

Stellplatz Untreusee

Schaumberggrund
95030 Hof
Tel.: 09281/8157777
www.hof.de
Parkplatz am Naherholungsgebiet in Stadtrandlage

GPS: 50°16'59.51"N/11°55'7.13"E

Platz: = 10 auf Wiese. Aufenthalt max. 4 Tage, Hundestrand am See. Ganzjährig geöffnet.
Preis: Übernachtung gratis.
Distanz: 0,2 km, 0,2 km, weitere Restaurants in 1 km, 0,4 km, 4 km.
Freizeit: 0,1 km, 3 km. Naherholungsgebiet Untreusee mit Badeufer, Wassersport, Angeln, Kletterpark, Ruderboot- und Tretbootverleih 0,2 km, Minigolf 0,3 km, Fernwehpark 1,5 km, Saale-Radweg 2,5 km.

POI: Altstadt mit historischem Rathaus und Kirchen 2 km, Deutsch-Deutsches Museum Mödlareuth 10 km, Fichtelgebirge 20 km.
Anfahrt: A9 Ausfahrt Hof-West, weiter auf der B15 → Innenstadt, dann auf der B173 → Schleiz.
Kontakt: Tourist-Information, ☎ 09281/8157777, touristinfo@stadt-hof.de, www.hof.de

HEIDESEE, DAMMER BERGE

Tourist-Info
Mühlenstraße 12
49401 Damme
Tel.: 05491/996667
www.dammer-berge.de

Fläche (km²): 0,1
Das gibt's: Beliebter Badesee in Holdorf, Oldenburger Münsterland, Niedersachsen, Sandstrand, Kiosk mit Imbiss
Erlebnis: Baden, Wandern, Radeln

Zelt- und Wohnmobilplatz Heidesee

Zum Heidesee 53
49451 Holdorf
Tel.: 05494/980321
www.zeltplatz-heidesee.de

Beim Zeltplatz am Seeufer

GPS: 52°34'41.47"N/8°6'54.49"E

Platz: P / = 60 auf Wiese, Schotter, Rasengittersteine. =60 (6/16 A) WC CHEM GRAU . Aufenthaltsraum und überdachte Sitzfläche. Ganzjährig geöffnet.
Preis: 13 € inkl. Wasser, Entsorgung. Strom 3 € oder 0,50 €/ kWh, Dusche 1 €/Pers., Hund 1 €.
Distanz: , weitere Restaurants in 1 km, 1 km, 1,2 km, Ⓗ 1,8 km.
Gastro: Imbiss (Kiosk, Ende März-Mitte Oktober), warme Küche 11:00-20:00 Uhr, Brötchenservice.

Freizeit: 1,5 km, 1 km. Nordic Walking, Angeln, Tennisplatz, Reitplatz, Badesee.
POI: Kirche St. Peter und Paul 1 km, Gut Ihorst 5 km.
Anfahrt: A1 Ausfahrt Holdorf → Ortsmitte, hinter der Kirche rechts → Heidesee.
Kontakt: Martin Bahlmann, ☎ 05494/980321, Mobil: 0171/4375480, zeltplatz-heidesee@web.de, www.zeltplatz-heidesee.de

HERTHASEE, RHEINLAND-PFALZ

Tourist-Info
Wilhelmstraße 63
65582 Diez
Tel.: 06432/9543211
www.urlaub-in-diez.de

Fläche (km²): 0,1
Das gibt's: Kleiner See im Naturpark Nassau, beliebtes Ausflugsziel
Erlebnis: Baden, Minigolf, Boot fahren, Angeln, Wandern, Radeln

Stellplatz am Herthasee

Am Herthasee
56379 Holzappel
Tel.: 06439/348
www.holzappel-herthasee.de

An der B417, direkt am Herthasee mit Bäumen und Schatten

GPS: 50°21'40.83"N/7°54'10.92"E

Platz: = 12 auf Wiese. =14 (16 A) . nur bei Gruppen. Aufenthalt max. 72 h, längerer Aufenthalt nach Absprache auf dem Feld hinter der Schranke. Ganzjährig geöffnet.
Preis: Ab 6 € inkl. Entsorgung, Müll-Entsorgung, Kurtaxe. Strom 1 €/2 kWh, Wasser 1 €/90 l. 11 €/48 h, 15 €/72 h. Bezahlung nur mit Münzen.
Distanz: 0,3 km, 1,5 km, 1,5 km, 1,5 km.
Gastro: Seerestaurant (saisonal geöffnet, im Winter geschlossen) 0,3 km, Weinwirtschaft 1 km.
Freizeit: Badesee gegen Gebühr, Minigolf, Tennis 0,5 km.
POI: Heimat-/Bergbaumuseum Esterau, Burg-/Schloss Laurenburg 4 km, Burgruine Balduinenstein 8 km, Diezer Grafenschloss 10 km, Schloss Oranienstein und Schloss Schaumburg 11 km.
Anfahrt: A3 Köln-Frankfurt, Ausfahrt 41 Diez/Nentershausen, über Eppenrod/Hirschberg → Holzappel, Abfahrt Herthasee. An der B 417.
Kontakt: Ortsgemeinde Holzappel, ☎ 06439/348, holzappel-gemeinde@t-online.de, www.holzappel-herthasee.de

GODELHEIMER SEEN, WESERBERGLAND

Tourist-Info
Weserstraße 11
37671 Höxter
Tel.: 05271/9634242
www.hoexter-tourismus.de

Fläche (km²): 0,2
Das gibt's: Zwei Seen bilden die Godelheimer Seen, einer davon ist ein Badesee
Erlebnis: Baden an Sandstrand und Liegewiese, Angeln, Beachvolleyball, Inliner, Boule

Freizeitanlage Höxter-Godelheim

Godelheimer Straße 33
37671 Höxter-Godelheim
Tel.: 05271/2589
www.wesercamping-hoexter.de

Durch Hecken und Sträucher parzellierter Stellplatz in der Freizeitanlage an den Godelheimer Seen

GPS: 51°45'31.71"N/9°22'31.65"E

Platz: = 40 auf Schotterrasen, Pflaster, Rasengittersteine. WC CHEM GRAU. nur bei Gruppen. Von Apr-Okt können die Sanitäranlagen der Freizeitanlage kostenlos genutzt werden. Ganzjährig geöffnet.

Preis: 9 € inkl. Wasser, Entsorgung, Dusche, WC, Müll-Entsorgung, Kurtaxe. Münzautomat.

Distanz: , weitere Restaurants in 0,1 km, Ⓗ 2 km, 2,5 km, 2,5 km.

Gastro: Restaurant Strandgut in der Freizeitanlage, Brötchenservice von Ostern-Ende der Herbstferien NRW, weitere Restaurants in Höxter und Godelheim.

Freizeit: 1,8 km, 1,5 km, 1,8 km. Surfen, Badestelle, Beachvolleyballfeld, Bouleplatz, Tretbootverleih, Weserradweg R99 0,1 km.

POI: Hist. Stadtkern Höxter 1,5 km, Weltkulturerbe Schloss Corvey 4 km.

Anfahrt: 4 km südl. von Höxter, an der B64 beschildert.

Kontakt: Wesercamping Höxter, ☎ 05271/2589, info@wesercamping-hoexter.de, www.wesercamping-hoexter.de

DÜMMER SEE, LANDKREIS DIEPHOLZ

Tourist-Info
Große Straße 76
49459 Lembruch
Tel.: 05447/242
www.duemmer.de

Fläche (km²): 12,4
Das gibt's: Flacher See im norddeutschen Tiefland, beliebtes Naherholungsgebiet, vier Badestellen: am Dümmer Deich in Hüde (zwischen den Straßen Zum Fischereihafen/Rohrdommelweg, auf Höhe der Bar dü Mar), drei am Dümmer Deich in Lembruch (Seestraße, Arnings Hof/Birkenallee und Marissa Ferienpark)
Erlebnis: Baden, Segeln, Surfen, Stand-up-Paddeln, Angeln, Wandern, Radeln

DÜMMER-MUSEUM IN LEMBRUCH

Freizeitarena Dümmer See

Rohrdommelweg 33
49448 Hüde
Tel.: 05447/1800
www.freizeitarena-duemmersee.de
Am südöstlichen Ufer des Dümmer Sees

GPS: 52°30'4.18"N/8°21'25.88"E

Platz: P = 50, = 30 (< 12 m) auf Wiese, Schotter, Schotterrasen. WC CHEM GRAU . nur bei Gruppen. Ideal für Familien, Wassersportler, Wanderer und Radfahrer. Geöffnet: April-Oktober.
Preis: 10 € inkl. Wasser, Entsorgung, Dusche, WC, Müll-Entsorgung. Jede weitere Pers. 5 €, Kind (bis 5 J.) gratis, Strom 3 €.
Distanz: 0,1 km, Ⓗ 0,3 km, 0,5 km, 0,8 km.
Gastro: Café/Restaurant Villa.
Freizeit: 1 km, 0,2 km. Wassersport, Kanu fahren, Stand-up-Paddeln, Surf-/Segelschule 0,2 km, Badestrand 0,6 km, Bootsverleih 0,7 km.
POI: Dümmer Museum/Naturschutzstation 5 km.
Anfahrt: B51 Bohmte-Diepholz.
Kontakt: Joachim Pohl, ☎ 05447/1800, Mobil: 0175/5606001, reisensportspass@t-online.de, www.freizeitarena-duemmersee.de

Weitere Stellplätze (siehe auch www.bordatlas.de):
Campingplatz Rennegarbe, Hafenstraße 21, Tel.: 05474/765, www.campingplatz-rennegarbe.de

TRAIS-HORLOFFER SEE, HESSEN

Stadtmarketing
Untertorstraße 13
35410 Hungen
Tel.: 06402/5289819
www.stadtmarketing-hungen.de

Fläche (km²): 0,4
Das gibt's: Der Trais-Horloffer See, auch Inheidener See genannt, ist ein Baggersee am Nordrand der Wetterau mit Strand
Erlebnis: Baden, Angeln, Segeln, Windsurfen

Festplatz Seegebiet Inheiden

Seestraße
35410 Hungen-Inheiden
Tel.: 06402/850
www.hungen.de
Am Festplatz, unweit des Inheidener/Trais-Horloffer Sees

GPS: 50°27'18.91"N/8°54'0.91"E

Platz: = 6 auf Rasengittersteine. =6 WC CHEM GRAU. VE nur vom 1.4.-31.10., Strom ganzjährig verfügbar. Ganzjährig geöffnet.
Preis: Übernachtung gratis inkl. Entsorgung. Strom 2 €/6 h, Wasser 2 €.
Distanz: Ⓗ 0,1 km, 0,5 km, 0,5 km, 0,5 km.
Gastro: Imbiss am Stellplatz, weitere Restaurants im Ort.
Freizeit: 2 km. Diverse Wanderwege, Segeln, Surfen, Angeln, Badesee.
POI: Naturschutzgebiet, Schloss Hungen 2 km, Heimatmuseum Obbornhofen 5 km, Burg Minzenberg 10 km.
Anfahrt: A45 Ausfahrt Wölfersheim, durch Berstadt und Utphe nach Inheiden. Ausschilderung an der B489 ab Zufahrt zum Gewerbegebiet Inheiden/Trais-Horloff.
Kontakt: Schneider, ☎ 06402/850, info@hungen.de, www.hungen.de

IHLER MEER, OSTFRIESLAND

Tourist-Info
Alte Wieke 6
26632 Ihlow
Tel.: 04929/89100
www.ihlow-touristik.de

Fläche (km²): 0,1
Das gibt's: Künstlicher Badesee zwischen Emden und Aurich in Ostfriesland
Erlebnis: Baden am Strand, Wassersport, Wandern, Radeln

Reisemobilplatz Ihler Meer

1. Kompanieweg 3
26632 Ihlow-Ihlowerfehn
Tel.: 04929/89100
www.ihlow-tourismus.de

Vor dem Bürgerhaus, nahe Badesee Ihler Meer

GPS: 53°24'42.00"N/7°26'24.00"E

Platz: P = 6 auf Pflaster. CHEM GRAU. Ganzjährig geöffnet.
Preis: Übernachtung gratis. Strom 0,50 €/ kWh, Wasser 2 €, Entsorgung 2 €. Stromautomat nimmt nur 50-Cent-Münzen, die Entsorgungsstation nur 1-€-Münzen.
Distanz: 0,1 km, weitere Restaurants in 1,1 km, Ⓗ 0,5 km, 1,2 km.
Gastro: Gaststätte in direkter Nähe.
Freizeit: Badesee Ihler Meer (Hundeverbot) 0,1 km, Wasserwandern, Nordic Walking, Beach-Volleyball, Info-Material mit Ausflugstipps im Bürgerhaus, Naturschutzstation Fehntjer Tief 5 km.
POI: Klosterstätte Ihlow im Ihlower Staatsforst, 45 m hohe Teilrekonstruktion mit Aussichtsplattform (32 m Höhe), Klostergarten und Kloster-Café 2 km, Mittelpunkt Ostfrieslands 8,5 km.
Anfahrt: A31 Ausfahrt Riepe, der Beschilderung Ihlow-Zentrum bzw. Ihlowerfehn folgen.
Kontakt: EDI GmbH Ihlow, ☎ 04929/89100, Mobil: 0170/2769746, touristik@ihlow.de, www.ihlow-tourismus.de

■ TALSPERRE KELBRA, KYFFHÄUSER

Tourist-Info
Jochstraße 2
06537 Kelbra
Tel.: 034651/6528
www.kelbra.de

Fläche (km²): 6
Das gibt's: Stausee in der Kyffhäuser-Region mit international bedeutsamer Vogelwelt
Erlebnis: Baden, Segeln, Windsurfen, Bootsverleih, Wasserrutsche, FKK möglich

Seecamping Kelbra

Lange Straße 150
06537 Kelbra
Tel.: 034651/45290
www.stausee-kelbra.de

An der Talsperre Kelbra zwischen Harz und Kyffhäusergebirge

GPS: 51°25'33.24"N/11°0'10.80"E

Platz: = 15 auf Wiese, Schotter. =15 (16 A) WC CHEM GRAU . Ganzjährig geöffnet.
Preis: Ab 12 € inkl. Strom, Wasser, Entsorgung, Dusche, WC. Jede weitere Pers. 2 €, Hund 2 €. Entsorgung Chemietoilette 2 €. HS 1. Nacht 12 €, dann 14 €. NS 1. Nacht 10 €, dann 12 €. Jede weitere Pers. in der NS 1 €. WLAN gebührenpflichtig.
Distanz: , weitere Restaurants in 0,5 km, 0,1 km, 1,5 km, 2,5 km.

Freizeit: 15 km. Badesee, Surfen, Segeln.
POI: Königspfalz Tilleda 5 km, Kyffhäuserdenkmal 7 km, Barbarossahöhle Rottleben 14 km, Panoramamuseum Bad Frankenhausen 15 km.
Anfahrt: A38 bis Berga, B85 bis Kelbra, im Ort beschildert.
Kontakt: Seecamping Kelbra, ☎ 034651/45290, buchung@campingplatz-kelbra.de, www.stausee-kelbra.de

BERGWITZSEE, DÜBENER HEIDE

Bergwitzsee-Resort
Strandweg 1
06901 Kemberg
Tel.: 034921/28228
www.bergwitzsee.de

Fläche (km²): 1,7
Das gibt's: Tagebaurestloch des Tagebaus Restwitz, Badesee, Freizeit- und Erholungsgebiet
Erlebnis: Baden, Tauchen, Segeln, Wandern, Radeln

JÄHRLICH: BERGWITZTRIATHLON

Bergwitzsee Resort Strandweg

Strandweg
06901 Kemberg-Bergwitz
www.bergwitzsee.de

In ruhiger Lage, in unmittelbarer Nähe zum Badestrand

GPS: 51°47'36.72"N/12°34'41.01"E

Platz: P Wohnmobil = 20 auf Wiese. R wird empfohlen. Sanitärgebäude während des Sommers nur tagsüber. Anmeldung an der Rezeption/am Imbiss. Weitere Stellplätze auf dem Campingplatz. Ganzjährig geöffnet.
Preis: 10 € inkl. Kurtaxe. WC 0,50 €. Mit der Welterbecard eine Nacht gratis.
Distanz: 0,4 km, 1,3 km, 1,3 km, H 1,3 km.
Gastro: Brötchen- und Frühstücksservice, Gaststätte und Imbiss am nahegelegenen Campingplatz.
Freizeit: 0,4 km. Surfen, Ruder- und Tretbootverleih, Sonnwendfeier im Juni, Slipanlage 0,3 km.
POI: Lutherstadt Wittenberg 11 km, Ferropolis, die Stadt aus Eisen 13 km, Gartenreich Dessau-Wörlitz 16 km, Bauhausstadt Dessau 28 km.
Anfahrt: A9 Berlin-Leipzig, Ausfahrt Dessau-Ost über B185 Oranienbaum nach Gräfenhainichen, B107 über Radis nach Bergwitz, im Ort der Beschilderung folgen.
Kontakt: Campingplatz Bergwitzsee, ☎ 034921/28228, info@bergwitzsee.de, www.bergwitzsee.de

IBRASTAUSEE, OSTHESSEN

Seepark
Brunnenstraße 20
36275 Kirchheim/Hessen
Tel.: 0171/5589011
www.seeparkurlaub.de

Fläche (km²): 0,9
Das gibt's: Stausee bei Kirchheim/Hessen, Bade- und Freizeitsee
Erlebnis: Baden, Wandern, Radeln, Kanu fahren

Campingplatz am Seepark

Brunnenstraße 20-25
36275 Kirchheim/Hessen
Tel.: 06628/1525
www.campseepark.de
Im Knüllgebirge, nahe dem Ibrastausee

GPS: 50°48'51.28"N/9°31'3.39"E

Platz: P = 25, = 20 (< 8 m) auf Schotter. =200 (16 A) WC CHEM GRAU . R nur bei Gruppen. Sondertarife in NS/HS, Anfahrt: 8:00-13:00 Uhr und 15:00-22:00 Uhr. Ganzjährig geöffnet.
Preis: 10 € inkl. Wasser, Entsorgung. Strom 0,60 €/ kWh, Dusche 0,50 €/3 min, WC 1,50 €, Müll-Entsorgung 0,50 €, Kurtaxe 1 €/Pers.
Distanz: , Ⓗ 0,5 km, 5 km, 5 km.
Gastro: Campingplatz-Restaurant, warme Küche HS 13:00-22:00 Uhr, NS 17:00-21:00 Uhr, Frühstücksservice 8:00-10:00 Uhr.
Freizeit: 5 km, 0,5 km, 0,5 km. Wasserski, Angeln, Fußball, Volleyball, Minigolf, Bootsverleih 0,5 km, Badestrand 0,6 km.
POI: Bad Hersfeld 5 km, Burg Herzberg Breiten 10 km, Steinmühle in Ottau-Schorbach 10 km.
Anfahrt: A7 Kassel-Würzburg, Ausfahrt Kirchheim, 5 km weiter auf der K32, der Beschilderung folgen.
Kontakt: Campingplatz Seepark Kirchheim/Hessen, ☎ 06628/1525, info@campseepark.de, www.campseepark.de

ITZELBERGER SEE, SCHWÄBISCHE ALB

Gemeinde
Herwartstraße 2
89551 Königsbronn-Itzelberg
Tel.: 07328/96250
www.koenigsbronn.de

Fläche (km²): <0,1
Das gibt's: Kleiner See, beliebtes Naherholungsgebiet, einst von Mönchen angelegt
Erlebnis: Baden, Angeln, Wandern, Radeln

VOGELSCHUTZINSEL

Stellplatz am Itzelberger See

Kapellenstraße
89551 Königsbronn-Itzelberg
Tel.: 07328/96250
www.koenigsbronn.de
Stellflächen direkt am See

GPS: 48°44'4.00"N/10°8'1.00"E

Platz: P = 4 auf Schotter. =4 WC CHEM GRAU . Ganzjährig geöffnet.
Preis: Übernachtung gratis. Strom 0,50 €/ kWh, Wasser 1 €.
Distanz: 0,3 km, weitere Restaurants in 1,2 km, Ⓗ 0,6 km, 1,5 km, 3 km.
Freizeit: Nordic Walking, Kneipp-Anlage, Bootsverleih, Minigolf.
POI: Klosterhof-Areal.

Kontakt: Gemeinde Königsbronn, ☎ 07328/96250, touristinfo@koenigsbronn.de, www.koenigsbronn.de

UNTERSEE, PRIGNITZ

Tourist-Info
Maxim-Gorki-Straße 32
16866 Kyritz
Tel.: 033971/608279
www.kyritz.de

Fläche (km²): 0,4
Das gibt's: Badesee mit Strandbad, Teil der Kyritzer Seenkette
Erlebnis: Baden, Wandern, Radeln, Angeln

INSEL MIT GASTSTÄTTE, PER FÄHRE ZU ERREICHEN

Stellplatz Strandbad am Untersee

Seestraße 120
16866 Kyritz
Tel.: 033971/608277
www.kyritz-erleben.de

Am Ortsrand in ruhiger Lage

GPS: 52°56'19.71"N/12°26'33.21"E

Platz: = 8 auf Rasengittersteine. WC/Dusche im Strandbad. Ganzjährig geöffnet.
Preis: 10 €. Strom 1 €/8 h.
Gastro: Imbiss im Strandbad, Restaurant auf der Unterseeinsel.
Freizeit: Kanufahrten auf dem Untersee, Strandbad mit Bootsverleih 0,2 km, Fähre zur Unterseeinsel mit Restaurant 0,2 km, Reiten, Radweg Dosse-Städte-Tour.
POI: Märchenwald 0,5 km, Schloss Bantikow 1 km, Kyritzerseenkette 2 km, Kyritz 3 km, Franziskanerkloster Kyritz mit Klostergarten 4 km.
Kontakt: Stadt Kyritz, ☎ 033971/608277, tourismus@kyritz.de, www.kyritz-erleben.de

LADELUNDER NATURBADESEE, NORDFRIESLAND

Gemeide
Dorfstraße 44
25926 Ladelund
Tel.: 04666/388
www.ladelund.de

Fläche (km²): 0,1
Das gibt's: Naturbadesee, der sich aus zwei zusammenhängenden Seen bildet, Sprungtürme, Liegewiese
Erlebnis: Baden, Beachvolleyball, Wandern, Radeln

Naturbad Ladelund

Stato/An der Landesstraße 245
25926 Ladelund
Tel.: 0171/9386607
www.ladelund.de

Am Rande des Ladelunder Naturbadesees

GPS: 54°50'56.88"N/9°2'7.63"E

Platz: P = 9 auf Wiese. =9 WC CHEM GRAU . R wird empfohlen. Ganzjährig geöffnet.
Preis: 13 € inkl. aller Personen, Strom, Wasser, Dusche, WC, Müll-Entsorgung, Hund. Entsorgung 5 €, VE für Durchreisende 5 €. 20 € Schlüsselpfand für WC/Dusche.
Distanz: H 0,5 km, 1 km, 1,3 km, 1,3 km, weitere Restaurants in 1,3 km.
Gastro: Kiosk mit Imbiss.
Freizeit: 10 km. Badesee, Reitstall 1,5 km.
POI: KZ-Gedenk- und Begegnungsstätte mit Ausstellung und Gräbern 1 km, Dorfmuseum 1,5 km.
Anfahrt: 1 km nördlich des Ortes, ab Zentrum beschildert.
Kontakt: Lutz Martensen, Mobil: 0171/9386607, info@ladelund.de, www.ladelund.de

GRÜNEWALDER LAUCH, LAUSITZ

Stadt
Wilhelm-Pieck-Straße 2
01979 Lauchhammer
Tel.: 03574/488288
www.lauchhammer.de

Fläche (km²): 1
Das gibt's: Tagebausee am Ostrand des Naturparks Niederlausitzer Heidelandschaft mit Sandstrand
Erlebnis: Baden, Minigolf, Wandern, Radeln, FKK möglich

BOOTSVERLEIH

Themencamping Grünewalder Lauch

Lauchstraße 99
01979 Lauchhammer-Grünewalde
Tel.: 03574/3826
www.themencamping.de

Am Ostufer des Sees Grünewalder Lauch, im Naturpark Niederlausitzer Heidelandschaft

GPS: 51°30'26.35"N/13°40'6.87"E

Platz: P = 50 auf Wiese, Schotter. =50 (16 A) WC CHEM/Bio GRAU . R wird empfohlen. Ankunft 8:00-21:00 Uhr, Nutzung Campingplatz-Angebote möglich. Geöffnet: 1.4.-31.10.
Preis: 12 € inkl. Müll-Entsorgung, Grauwasserentsorgung. Strom 0,65 €/ kWh, Wasser 0,10 €/kWh, Entsorgung 3 €, WLAN 1,50 €/ Tag. Mini-Vermietung 35 €/ Tag.
Distanz: , 0,1 km, 3 km, Ⓗ 3,5 km.

Gastro: Biergarten (überdacht), Frühstücks- und Brötchenservice, Minimarkt.
Freizeit: 8 km. Badestrand 0,5 km, Surfen, Segeln, Bootsverleih, Stand-up-Paddeln, Naturpark Niederlausitzer Heidelandschaft, Minigolf.
POI: Biotürme 5 km, Kunstmuseum 8 km, F60 Besucherbergwerk 10 km, Lausitzring 13 km.
Anfahrt: A13 Ausfahrt Ruhland, den Schildern folgen.
Kontakt: Themencamping, ☎ 03574/3826, gruenewalder-lauch@themencamping.de, www.themencamping.de

KÖRBAER TEICH, LANDKREIS ELBE-ELSTER

Tourismusverband Elbe-Elster-Land
Schlossplatz1
03253 Boberlug-Kirchhain
Tel.: 035322/6888516
www.elbe-elster-land.de

Fläche (km²): 0,3
Das gibt's: Kleiner See in Brandenburg, einst von einem Karmeliten-Orden zur Karpfenzucht angelegt, heute mit Badestelle
Erlebnis: Baden, Wandern, Radeln

Ferienanlage Goldpunkt

Zur Blaue 6
04936 Lebusa
Tel.: 035364/341
www.ferienanlage-goldpunkt.de

Auf einer befestigten Wiese am Körbaer Teich

GPS: 51°48'44.69"N/13°23'40.92"E

Platz: = 30 auf Schotterrasen, Wiese. =12 WC CHEM GRAU . R nur bei Gruppen.
Preis: 19 € inkl. Strom, Wasser, Entsorgung, Dusche, WC, Müll-Entsorgung, WLAN. Kind (bis 15 J.) 3 €, jede weitere Pers. 5 €.
Distanz: , weitere Restaurants in 0,3 km, 0,1 km, Ⓗ 0,2 km, 0,5 km.
Gastro: Am Platz.
Freizeit: Badesee 0,1 km, Bootfahren, Angeln, Volleyball, Tischtennis.

POI: Feldsteinkirche Körba 1,1 km, Kirche Lebusa vom Baumeister Pöppelmann mit Silbermann-Orgel 2,8 km, Bockwindmühle Lebusa 4,2 km.
Kontakt: Ferienanlage Goldpunkt, ☎ 035364/341, Mobil: 0171/1690190, info@ferienanlage-goldpunkt.de, www.ferienanlage-goldpunkt.de

LECHSTAUSEE, ALLGÄU

Tourist-Info
Flößerstraße 1
86983 Lechbruck am See
Tel.: 08862/987830
www.lechbruck.de

Fläche (km²): 0,1
Das gibt's: Staustufe des Flusses Lech, beliebte Ferienregion
Erlebnis: Baden, Surfen, Segeln, Wandern, Radeln

Via Claudia Camping

Via Claudia 6
86983 Lechbruck am See
Tel.: 08862/8426
www.via-claudia-camping.de

Ruhig gelegener Stellplatz am Lechsee

GPS: 47°42'55.98"N/10°49'18.35"E

Platz: P = 52 auf Schotter. =52 (16 A) WC CHEM GRAU . Minishop am Campingplatz. B nur bei Gruppen. Geöffnet: 26.3.-31.12.
Preis: 13,30 € inkl. Strom, Wasser, Entsorgung, Dusche, WC, Müll-Entsorgung. Jede weitere Pers. 3 €, Kind (5-15 J.) 1,50 €, WLAN 4 €, Hund 5 €, Kurtaxe 1,60 €/Pers.
Distanz: , Ⓗ 0,5 km, 1 km, 1,5 km.
Gastro: Warme Küche 11:00-21:00 Uhr (HS), 16:30-21:00 Uhr, Sonn-/Feiertag 11:00-14:00 und 16:30-21:00 Uhr (NS), Mo Ruhetag.
Freizeit: 7 km, 15 km, 1 km. Bootsverleih 1 km, Flößereimuseum 1 km, Floßfahrt auf dem Lech 1,5 km, Golfplatz 3 km.
POI: Wieskirche 8 km, Schloss Neuschwanstein 20 km, Oberammergau 31 km.
Anfahrt: A7 Ausfahrt Seeg nach Roßhaupten, auf B16 → Marktoberdorf, 1. Ausfahrt in → Lechbruck, dort → Campingplatz.
Kontakt: Dr. Felicitas Weeber, ☎ 08862/8426, anfrage@camping-lechbruck.de, www.via-claudia-camping.de

DÜMMER SEE, LANDKREIS DIEPHOLZ

Tourist-Info
Große Straße 76
49459 Lembruch
Tel.: 05447/242
www.duemmer.de

Fläche (km²): 12,4
Das gibt's: Flacher See im norddeutschen Tiefland, beliebtes Naherholungsgebiet, vier Badestellen: am Dümmer Deich in Hüde (zwischen den Straßen Zum Fischereihafen/Rohrdommelweg, auf Höhe der Bar dü Mar), drei am Dümmer Deich in Lembruch (Seestraße, Arnings Hof/Birkenallee und Marissa Ferienpark)
Erlebnis: Baden, Segeln, Surfen, Stand-up-Paddeln, Angeln, Wandern, Radeln

Tiemann's Wohnmobilhafen

Tiemanns Hof 2
49459 Lembruch
Tel.: 05447/921339
www.tiemanns-hof.de

Mitten im Naturpark Dümmer See, in Seenähe

GPS: 52°31'16.74"N/8°21'55.53"E

Platz: P = 50 auf Rasengittersteine, Wiese. =50 WC CHEM GRAU . E-Ladestation. R wird empfohlen. Naturnahe Gestaltung mit heimischen Hainbuchen, Sanitärgebäude grenzt an den Wohnmobilhafen. Ganzjährig geöffnet.
Preis: 25 € inkl. Wasser, Entsorgung, Dusche, WC, WLAN. Bezahlung am Parkscheinautomaten.
Distanz: 0,2 km, 0,3 km.
Gastro: Restaurant Strandlust 0,2 km.
Freizeit: Badestrand 0,2 km, Bouleplatz, Beachvolleyballanlage, Wandern auf Moorpfaden.
POI: Museum und Park Kalkriese.
Anfahrt: Separate Zufahrt über die Seestraße.
Kontakt: Campingplatz Tiemanns-Hof, Friedrich Eickhoff, ☎ 05447/921339, info@tiemanns-hof.de, www.tiemanns-hof.de

Weitere Stellplätze (siehe auch www.bordatlas.de):
Reisemobilstellplatz Westufer Dümmer See, Dümmerstraße 39, 49401 Damme-Dümmerlohausen, ☎ 05491/6620, www.damme.de

RUDOWER SEE, PRIGNITZ

Tourist-Info
Berliner Straße 7
19309 Lenzen/Elbe
Tel.: 038792/7302
www.reiseland-brandenburg.de

Fläche (km²): 1,8
Das gibt's: Langgestreckter See in der Prignitz, Brandenburg, mit zwei Badestellen
Erlebnis: Baden, Angeln, Paddeln, Segeln, Surfen, Wandern, Radeln

Stellplatz am Rudower See

Rekener Straße 1
19309 Lenzen/Elbe
Tel.: 0172/6089815

An der Badestelle am See in Ortsrandlage

GPS: 53°5'52.00"N/11°29'33.00"E

Platz: = 20 auf Wiese. =8 (16 A) . 16 Plätze auf Wiese, 4 befestigt. Ganzjährig geöffnet.
Preis: Ab 12 € inkl. Müll-Entsorgung. Strom 3 €/24 h, Wasser 1 €/100 l, Dusche 3 €/Pers., Schlüsselpfand für Duschen 10 €. Waschmaschine 2 €.
Distanz: 0 km, weitere Restaurants in 2 km, Ⓗ 1 km, 1 km, 2 km.
Gastro: Brötchenservice. Restaurant Haus am See am Platz, Café am Markt in 2 km.
Freizeit: 2 km. Segeln, Kanuverleih auf Bestellung, Badestrand, Volleyball- und Spielplatz, Hundestrand, Elberadweg 4 km.
POI: Besucherzentrum UNESCO-Biosphärenreservat, hist. Altstadt mit Burg und Kirche 2 km.
Kontakt: Andreas Kürbis, Mobil: 0172/6089815, stellplatz.lenzenelbe@gmail.com

STADTWEIHER LEUTKIRCH, ALLGÄU

Tourist-Info
Marktstraße 32
88299 Leutkirch
Tel.: 07561/87154
www.leutkirch.de

Fläche (km²): 0,2
Das gibt's: Im 14. Jahrhundert angelegter Weiher, beliebtes Naherholungsgebiet mit Naturfreibad
Erlebnis: Baden, Wandern, Radeln, Angeln, Segeln, Surfen, Boot fahren

VOGELWEIHER UND NATURPFAD

Wohnmobilstellplatz Leutkirch

Kemptener Straße 62
88299 Leutkirch im Allgäu
Tel.: 07561/87154
www.leutkirch.de

Altstadtnah und mitten im Grünen, auf einem 2.730 qm großen Gelände, gegenüber dem Freibad Stadtweiher

GPS: 47°49'20.04"N/10°2'21.97"E

Platz: = 14 auf Rasengittersteine. =16 (16 A) CHEM GRAU . Ganzjährig geöffnet.
Preis: 8 € inkl. Entsorgung, Müll-Entsorgung, Kurtaxe, WLAN. Strom 0,50 €/ kWh, Wasser 1 €/100 l oder 0,10 €/10 l. Dusche/WC im Freibad zu den Öffnungszeiten von Mai-September. Parkschein-Abriss (Gästekarte) für einen kostenfreien Freibad-Eintritt an der Badkasse vorlegen.
Distanz: Ⓗ 0,5 km, 0,5 km, 1 km, 1,2 km.
Gastro: Gasthof Bayrischer Hof.
Freizeit: 0,1 km. Nordic-Walking-Parcours, Minigolfplatz in direkter Nähe, Liegewiese und Spielplatz am Freibad, Angeln, Trimm-Dich-Pfad, Loipen im Winter, Tennis, Kneippbad.
POI: Museum im Bock 1,4 km, hist. Altstadt 1,4 km, Schloss Zeil 5 km, Galluskapelle an A96 7 km, Glasmacherdorf Schmidsfelden 8 km.
Anfahrt: Leutkirch, am Ortsausgang Richtung Kempten.
Kontakt: Touristinfo Leutkirch, ☎ 07561/87154, touristinfo@leutkirch.de, www.leutkirch.de

ALBERSSEE, LIPPSTÄDTER SEENPLATTE

Tourist-Info
Lange Straße 14
59555 Lippstadt
Tel.: 02941/58515
www.lippstadt.de

Fläche (km²): 0,6
Das gibt's: See bei Lippstadt-Lipperode, seit 1991 freie Badeanstalt (Hunde nicht erlaubt), DLRG-Station, Kiosk und Strandcafé
Erlebnis: Baden, Tauchen, Wandern, Radeln

Campingparadies Lippstädter Seenplatte

Seeuferstraße 16
59558 Lippstadt-Niederdedinghausen
Tel.: 02948/2253
www.camping-lippstadt.de

Hinter der Schranke neben dem Campingplatz in unmittelbarer Nähe zu den Seen

GPS: 51°42'4.51"N/8°24'29.01"E

Platz: = 18 auf Wiese, Schotter. WC CHEM GRAU. wird empfohlen. Geöffnet: 1.3.-31.10.
Preis: 15,50 € inkl. Entsorgung, WC, Müll-Entsorgung, WLAN. Jede weitere Pers. 8 €, Kind (4-15 J.) 5 €, Strom 0,55 €/ kWh, Wasser 1 €/100 l, Hund 3 €, Duschen 0,25 €/ min.
Distanz: Ⓗ 0,5 km, 0,5 km, 4 km, 4 km.
Gastro: Restaurant Seeterrasse am Alberssee, Café am Platz.
Freizeit: 6 km, 5 km. Zugang zum Badesee, Wassersport, Kanu fahren, Tretbootverleih am See, Angelsee (Angelschein erforderlich).
POI: Lippstadt 5 km, Paderborn 15 km.
Anfahrt: Zwischen Lippstadt und Paderborn, A45/2 → Lippstadt, von Lippstadt → Delbrück an der Deutschen Alleenstraße.
Kontakt: Familie Schäfermeier, ☎ 02948/2253, info@camping-lippstadt.de, www.camping-lippstadt.de

DREIWEIBERNER SEE, LAUSITZ

Tourist-Info
Braugasse 1
02977 Hoyerswerda
Tel.: 03571/2096170
www.lausitzerseenland.de

Fläche (km²): 2,9
Das gibt's: Gehört zur größten, von Menschenhand geschaffenen Wasserlandschaften Europas, dem Lausitzer Seenland, zwei breite, unbewachte Badestrände, gläserne Pyramide am Strand von Lohsa, See-Radrundweg
Erlebnis: Baden, Angeln, Paddeln, Rudern, Kanu und Tretboot fahren, Segeln, Surfen, Minigolf, Beachvolleyball

Caravanparadies Dreiweiberner See

Am Strand Weißkollm 1
02999 Lohsa
Tel.: 0177/6963436
www.caravan-dreiweibern.de
Am Dreiweiberner See im Lausitzer Seenland

GPS: 51°24'28.12"N/14°24'3.59"E

Platz: P / = 20 auf Schotterrasen. WC CHEM GRAU.
Geöffnet: Ostern-November.
Preis: 15 € inkl. Strom, Entsorgung, WC, Müll-Entsorgung, Kurtaxe.
Distanz: 1,5 km, Ⓗ 1,5 km, 2 km.
Gastro: Hipos-Beachbar mit Imbiss am Platz (Imbiss/Eis/Getränke), warme Küche 11:00-21:00 Uhr.
Freizeit: 10 km. Badestrand, Beach-Volleyball, Saurierpark Kleinwelka 30 km.
POI: Energiefabrik Knappenrode 8 km.

Anfahrt: S108 (Hoyerswerda-Uhyst), zwischen den Orten Weißkollm und Lohsa.
Kontakt: Jörg Berndt, ☎ 0177/6963436, info@hiposbeachbar.de, www.caravan-dreiweibern.de

STAUSEE LOSHEIM, NATURPARK SAAR-HUNSRÜCK

Tourist-Info
Zum Stausee198
66679 Losheim am See
Tel.: 06872/9018100
www.losheim-saarschleifenland.de

Fläche (km²): 0,3
Das gibt's: Stausee mit Liegewiese und Strandbad, Wasserrutsche und Sprungplattform
Erlebnis: Baden, Tretboot, Stand-Up-Paddling, Minigolf, Angeln am Westufer, Wassersport am Ostufer

Reisemobilplatz am Stausee

Zum Stausee 198
66679 Losheim am See
Tel.: 06872/9018100
www.losheim.de

Stellplätze auf dem Parkplatz des Freizeitzentrums Stausee Losheim

GPS: 49°31'12.75"N/6°44'28.89"E

Platz: = 10 auf Wiese, Asphalt. =8 (16 A) CHEM GRAU . Ganzjährig geöffnet.
Preis: 6 € inkl. Entsorgung, Müll-Entsorgung. Strom 0,50 €/ kWh, Wasser 1 €/100 l. Bezahlung am Parkscheinautomat.
Distanz: Ⓗ 0,1 km, 0,1 km, 1 km, 1 km.
Gastro: Hochwälder Brauhaus, Seehotel Restaurant.
Freizeit: 9 km, 12 km. Strandbad. Besuch im Freizeitzentrum (gebührenpflichtig), Angelzone Westufer (Tages-/Wochen-/Jahreskarten in der Tourist-Info), Wassersport am Ostufer, Open Air und Sommerevents, Seegarten, Wasserspielplatz, Kneippanlage, Bootsverleih 0,2 km, Minigolf und Boulebahn 0,5 km, Saarschleife 10 km, Wolfspark Merzig 12 km.
POI: Keramikmuseum Mettlach 10 km, römische Villenanlage Berg 14 km.
Anfahrt: B286 Saarbrücken-Trier Ausfahrt Stausee, danach ausgeschildert.
Kontakt: Gemeinde Losheim am See, ☎ 06872/9018100, touristik@losheim.de, www.losheim.de

STOTELER SEE, NIEDERSACHSEN

Gemeinde
Am Wedenberg 10
27612 Loxstedt
Tel.: 04744/480
www.loxstedt.de

Fläche (km²): 0,3
Das gibt's: Künstlicher Bade- und Freizeitsee mit Sandstrand bei Loxstedt, liegt innerhalb des Naturschutzgebietes Teichfledermausgewässer
Erlebnis: Baden, Angeln, Wandern, Radeln

Reisemobilplatz Stotel

Schulstraße 75
27612 Loxstedt-Stotel
Tel.: 04744/480
www.loxstedt.de
Neben dem Hotel ,Haus am See' am Stoteler See

GPS: 53°26'25.88"N/8°35'36.81"E

Platz: = 4 auf Schotter. . Ganzjährig geöffnet.
Preis: Übernachtung gratis.
Distanz: , 0,1 km, Ⓗ 1 km, 1,5 km.
Gastro: Haus am See, warme Küche 17:00-23:00 Uhr, Restaurant Bathmann in Hahnenknoop 6 km, Marktstübchen in Loxstedt 7 km.
Freizeit: 15 km. Badestrand 0,1 km, Sportboothafen Dedesdorf 8 km.

POI: St. Marien-Kirche mit Matthias-Schreiber-Orgel in Loxstedt 6,5 km, Galerie-Holländer-Windmühle in Dedesdorf 6,5 km, St. Laurentius-Kirche mit Arp-Schnitger-Orgel in Dedesdorf 7,5 km.
Anfahrt: A27 Ausfahrt Stotel (Wesertunnel).
Kontakt: Gemeinde Loxstedt, ☎ 04744/480, gemeinde@loxstedt.de, www.loxstedt.de

HINDENBERGER SEE, SPREEWALD

Tourist-Info
Ehm-Welk-Straße 15
03222 Lübbenau
Tel.: 03542/887040
www.spreewald-info

Fläche (km²): 0,3
Das gibt's: Baggersee mit hohem Freizeitwert
Erlebnis: Baden, Wandern, Radeln

Spreewald Natur Camping Am See

Seestraße 1
03222 Lübbenau-Hindenberg
Tel.: 035456/67539
www.spreewaldcamping.de

An einem See im Biosphärenreservat Spreewald, eine Autostunde von Berlin

GPS: 51°51'26.00"N/13°51'19.00"E

Platz: = 10 auf Sand/Splitt, Wiese, Schotter. =8 (16 A) WC CHEM GRAU . Bowlingbahn, Sauna. WLAN eingeschränkt. Ganzjährig geöffnet.
Preis: 15 € inkl. Strom, Entsorgung, WC, Müll-Entsorgung, WLAN. Dusche 1 €/4 min, Kurtaxe 2 €/Pers.
Distanz: , Ⓗ 0,3 km, 1 km, 6 km.
Gastro: Gasthaus Kartoffelnest, warme Küche 11:00-22:00 Uhr.
Freizeit: 6 km. Radfahren, Kahnfahrt, Badesee.

POI: Freilandmuseum Spreewalddorf Lehde 7 km, Bade-Paradies Tropical Islands 15 km.
Anfahrt: A13 Ausfahrt Lübbenau, 4 km in → Luckau.
Kontakt: Marco Rähm, ☎ 035456/67539, am-see@spreewaldcamping.de, www.spreewaldcamping.de

TJÜCHER MOORTUN, OSTFRIESLAND

Tourist-Info
Am Markt 10
26529 Marienhafe
Tel.: 04934/81224
www.stoertebekerland.de

Fläche (km²): <0,1
Das gibt's: Ruhig gelegener Kiessee mitten im Naherholungsgebiet
Erlebnis: Baden, Angeln, Wandern, Radeln

Wohnmobilstellplatz Tjücher Moortun

Tjücher Moortun
26529 Marienhafe
Tel.: 04934/81224
www.stoertebekerland.de

Am Seeufer des Naherholungsgebiets Tjücher Moortun

GPS: 53°31'44.27"N/7°16'53.56"E

Platz: =5 auf Schotter. =4 (6 A) CHEM GRAU . Nachts beleuchtet. Duschen im Schwimmbad (1 km). Ganzjährig geöffnet.
Preis: Ab 5 € inkl. Entsorgung, Müll-Entsorgung, Kurtaxe. Strom 1 €/2 kWh, Wasser 1 €/100 l. Stellplatz direkt am Tjücher Moortun 8 €, Nebenfläche 5 €.
Distanz: 1 km, 1 km, Ⓗ 1 km, 1 km.
Freizeit: 1 km. Bewegungsparcours, Spielschiff für Kinder.
POI: Marienkirche (Störtebekerkirche) 1 km.

Anfahrt: An der Kreuzung B72/Tjücher Moortun (Score Tankstelle) → Osten abbiegen und der Beschilderung folgen.
Kontakt: Touristinformation Marienhafe, ☎ 04934/81224, touristinfo@marienhafe.de, www.stoertebekerland.de

MARKKLEEBERGER SEE, LEIPZIGER SEENLAND

Tourist-Info
Rathausstraße 22
04416 Markkleeberg
Tel.: 0341/33796718
www.leipzig.travel

Fläche (km²): 2,3
Das gibt's: Gefluteter Braunkohletagebau, Teil des Leipziger Neuseenlandes
Erlebnis: Baden, Angeln, Segeln, Wandern, Radeln

Seepark Auenhain

Am Feriendorf 2
04416 Markkleeberg
Tel.: 034297/98680
www.seepark-auenhain.de
Im Feriendorf direkt am Markkleeberger See

GPS: 51°15'38.48"N/12°25'45.43"E

Platz: = 6 auf Pflaster. =1 WC CHEM GRAU. wird empfohlen. Abreise bis 12:00 Uhr. Ganzjährig geöffnet.
Preis: 29 € inkl. Strom, Entsorgung, Dusche, WC, Müll-Ents., Kurtaxe, WLAN. Wasser 1 €/100 l, Waschmaschine/Trockner ab 1 €, VE für Durchreisende 5 €. Nutzung Poolhaus/Kinderbetreuung inkl.
Distanz: 0,5 km, 0,5 km, 1,5 km, 4 km.
Gastro: Restaurant Seeperle, warme Küche täglich von 12:00-20:30 Uhr, Brötchenservice, Frühstück (8:00-10:30 Uhr), Halbpension möglich.
Freizeit: Badestrand 0,2 km, Kanupark 0,5 km, Vergnügungspark Belantis 10 km, Zoo Leipzig 10 km.
POI: Völkerschlachtdenkmal 5 km, Leipzig 9 km.
Anfahrt: A9/A38 bis Kreuz Leipzig-Süd, B2 → Leipzig, nächste Ausfahrt rechts → Markkleeberg-Ost, an der Ampel rechts auf Bornaische Str., weiter auf der Hauptstr., nächste Ampel rechts auf Bornaer Chaussee, nach 2 km rechts zum Seepark.
Kontakt: ☎ 034297/98680, info@seepark-auenhain.de, www.seepark-auenhain.de

BADEWEIHER AM WOMOPARK, UNTERALLGÄU

Wohnmobilpark
Bürgle 1a
86865 Markt Wald-Bürgle
Tel.: 08262/1429
www.wohnmobilpark-markt-wald.de

Fläche (km²): <0,1
Das gibt's: Badeweiher am Campingplatz
Erlebnis: Baden, Wandern, Radeln

Wohnmobilpark Markt Wald

Bürgle 1
86865 Markt Wald-Bürgle
Tel.: 08262/1429
www.wohnmobilpark-markt-wald.de

Am Naturweiher im Naturpark Augsburg Westliche Wälder

GPS: 48°8'44.51"N/10°34'31.30"E

Platz: = 20 auf Wiese, Schotter. =10 (16 A) WC CHEM GRAU. Ganzjährig geöffnet. Im Winter wetterabhängig, auf Nachfrage erfahrbar.
Preis: 10 € inkl. Entsorgung. Strom 0,50 €/ kWh, Wasser 1 €/100 l, WC 3 €/Tag.
Distanz: 1 km, 1 km, 1 km.
Gastro: Restaurant am Platz, Brötchenservice.
Freizeit: 15 km, 18 km. Badesee, Nordic Walking, Zusamquelle 1 km, Kneipp-Anlage 1,5 km, Skyline-Park 15 km.

POI: Mariengrotte 0,3 km, Christoph-Scheiner-Turm 0,5 km.
Anfahrt: A96 Ausf. Bad Wörishofen, nördlich nach Markt Wald, in der Ortsmitte → Bürgle.
Kontakt: Manfred Settele, ☎ 08262/1429, Mobil: 0172/5999411, mail@wohnmobilpark-markt-wald.de, www.wohnmobilpark-markt-wald.de

■ MARKTLER BADESEE, OBERBAYERN

Tourist-Info
Marktplatz 1
84533 Marktl am Inn
Tel.: 08678/748820
www.marktl.de

Fläche (km²): 1,4
Das gibt's: Langgestreckter See im Geburtsort von Papst Benedikt XVI., Naturschutzgebiet
Erlebnis: Baden, Wandern, Golfen

Campingplatz am Marktler Badesee

Queng 3
84533 Marktl am Inn
Tel.: 08678/1786
campingplatz-marktl.de

Kleiner Platz oberhalb eines Badesees mit Kurzzeitstellplätzen vor dem Campingplatz

GPS: 48°16'4.27"N/12°49'51.29"E

Platz: = 5 auf Schotterrasen. =5 (16 A) /Bio . nur bei Gruppen. Anfahrt ab 16:00 Uhr, Abfahrt bis 10:00 Uhr oder nach Absprache. Geöffnet: 1.3.-31.10.

Preis: 22 € inkl. Wasser, Entsorgung, Dusche, WC, Müll-Entsorgung. Jede weitere Pers. 8 €, Kind (2-12 J.) 4,50 €, Strom 0,60 €/ kWh. In der Vor-/Nachsaison 2 € Rabatt bei Ankunft nach 16:00 Uhr und Abreise am Folgetag vor 10:00 Uhr.

Distanz: Ⓗ 2 km, 2 km, 2 km, 2 km.

Gastro: Brötchenservice (Montag-Samstag vom 1.5.-24.8.), Getränkeservice.

Freizeit: 12 km, 12 km, 2 km. Kneipp-Anlage, Badesee, Benediktweg, Wanderweg Leonberg 0,3 km, Inntalradweg 0,5 km, Golfplatz 3 km.

POI: Marktl am Inn 1,8 km, Simbach 10 km, Burganlage Burghausen 12 km, Altötting 12 km.

Anfahrt: A94/B20 Ausfahrt Marktl → Perach, beschildert.

Kontakt: Campingplatz am Marktler Badesee, ☎ 08678/1786, Mobil: 0170/3439341, campingplatz-queng@freenet.de, campingplatz-marktl.de

ZIELFINGER SEEN, OBERSCHWABEN

Rathaus
Hauptstraße 90
88512 Mengen
Tel.: 07572/6070
www.mengen.de

Fläche (km²): <0,1
Das gibt's: Mehrere Seen der Krauchwieser Seenplatte, unterteilt in Bade- und Angelsen, beliebtes Naherholungsgebiet
Erlebnis: Baden, Angeln, Wandern, Radeln, Vögel beobachten

Wohnmobilstellplatz Zielfinger Seen

Uferweg 18
88512 Mengen-Rulfingen
www.wohnmobilstellplatz-zielfingerseen.de
In schöner Lage zwischen zwei Seen

GPS: 48°1'51.31"N/9°16'57.82"E

Platz: = 50 auf Schotterrasen. =44 (16 A) WC CHEM GRAU . Zugang zu Badesee, Sanitäranlagen und Spielplatz mit Schlüssel. Aufenthalt max. 14 Tage. Geöffnet: 1 Woche vor Ostern-Anfang November.
Preis: 14 € inkl. aller Pers., Entsor., Dusche, WC, Müll-Entsor., WLAN. Strom 0,65 €/ kWh, Wasser 1 €/80 l. Eintritt zum Badesee inklusive.
Distanz: 0,2 km, Ⓗ 1 km, 2 km.
Gastro: Südsee-Restaurant am Badesee und Haus am See. Brötchenservice täglich am Platz.

Freizeit: 4 km, 4 km. Wassersport, Angeln, Donau-Radweg 1 km, Thermalbad Bad Saulgau 20 km.
POI: Gaggli-Nudelhaus Mengen 4 km, Freilichtmuseum Heuneburg 10 km, Schloss Sigmaringen 15 km, Campus Galli 16 km.
Anfahrt: Von Mengen auf B311 → Krauchenwies/Meßkirch bis Rulfingen, dort → Zielfinger Seen, Wohnmobil-Camp Südsee III.
Kontakt: info@wohnmobilplatz-zielfingerseen.de, www.wohnmobilstellplatz-zielfingerseen.de

MÖHNESEE, NATURPARK ARNSBERGER WALD

Info
Hauptstraße 19
59519 Möhnesee-Körbecke
Tel.: 02924/391981
www.moehnesee.de

Fläche (km²): 10,4
Das gibt's: Talsperre mit großer Badestelle und Liegewiese
Erlebnis: Baden, Segeln, Surfen, Angeln, Wandern, Radeln

Wohnmobilstellplatz Möhnesee

Linkstraße 20a
59519 Möhnesee-Delecke
Tel.: 02924/981391
www.moehnesee.de

Am Nordufer des Möhnesees im Naturpark Arnsberger Wald

GPS: 51°29'29.17"N/8°4'54.27"E

Platz: = 60 auf Schotter, Schotterrasen. =64 (10 A) WC CHEM GRAU . Leinenpflicht für Hunde. Caravan-Service in 6 km. Ganzjährig geöffnet. Im Winter wetterabhängig geschlossen. Bitte Angaben auf der Homepage beachten.
Preis: 20 € inkl. Strom, Wasser, Entsorgung, Dusche, WC, Müll-Entsorgung, Kurtaxe.
Distanz: 0,1 km, weitere Restaurants in 2,5 km, Ⓗ 0,5 km, 4,5 km, 4,5 km.
Gastro: Pier 20.

Freizeit: 9 km, 9 km. Badesee, Angeln.
POI: Naturpark Arnsberger Wald, Drüggelter Kapelle 1,3 km, Möhnetalsperre 1,5 km, Naturschutzgebiet Hevetal 1,7 km, Bismarckturm 2 km, Naturschutzgebiet Kleiberg 3 km.
Anfahrt: A44 Ausfahrt Soest/Möhnesee.
Kontakt: Wirtschafts- und Tourismus GmbH Möhnesee, ☎ 02924/981391 oder 02924/981392, info@moehnesee.de, www.moehnesee.de

NATUR-WALDBAD TRÖBES, OBERPFÄLZER WALD

Tourist-Info
Brunnenstraße 1
92709 Moosbach
Tel.: 09656/920217
www.moosbach.de

Fläche (km²): <0,1
Das gibt's: Kleiner Badesee am Waldrand mit Liegewiese und Sandstrand, Bolzplatz
Erlebnis: Baden, Beachvolleyball, Wandern, Radeln

Stellplatz am Natur-Waldbad Tröbes

Tröbes
92709 Moosbach
Tel.: 09656/91111
www.moosbach.de

Auf einer Liegewiese am Natur-Waldbad Tröbes in Waldnähe

GPS: 49°33'29.13"N/12°26'28.65"E

Platz: = 9 auf Wiese. =5 WC E . R Geöffnet: März-Okt.
Preis: 10 € inkl. Wasser, Entsorgung, Dusche, WC, Müll-Entsorgung. Kurtaxe 0,90 €/Pers. Strom 0,50 €/kWh.
Distanz: H 1 km, 1,5 km, 2 km, weitere Restaurants in 5 km, 5 km.
Gastro: Kiosk am Platz von Juni-September, warme Küche ab 11:00 Uhr.
Freizeit: 5 km. Badesee, Fußballplatz mit Torwand.
POI: Schloss Burgtreswitz 6 km, Wieskirche 6 km.

Anfahrt: A6 Nürnberg-Prag Ausfahrt Pleystein/Moosbach, in Tröbes der Beschilderung Natur-Waldbad folgen.
Kontakt: Maria Grötsch, ☎ 09656/91111, Mobil: 0160/93800662, michldamer@gmx.de, www.badeweiher.com

NATURBADETEICH HARFENMÜHLE, HUNSRÜCK

Tourist-Information Edelsteinland
Brühlstraße 16
56756 Herrstein
Tel.: 06785/791400
www.edelsteinland.de

Fläche (km²): <0,1
Das gibt's: Kleiner Naturbadeteich mit Sandstrand, Rutschbahn, Holzsteg, im Hunsrück in der Nähe des Nationalparks
Erlebnis: Baden, Wandern, Radeln

HISTORISCHE WASSER-SCHLEIFEREI BIEHL

Wohnmobilstellplatz Hunsrück

Harfenmühle 2
55758 Mörschied
Tel.: 06786/1304
stellplatz-hunsrueck.de
Im Edelsteinland, neben dem Camping Harfenmühle

GPS: 49°48'15.89"N/7°16'16.26"E

Platz: = 11 auf Schotterrasen. =11 WC CHEM GRAU. Hundedusche, VW-Caddy-Mietwagen (5-/7-Sitzer) gegen Gebühr. Leinenpflicht für Hunde. Geöffnet: Ende März-1. November.
Preis: Ab 15 € inkl. Strom, Wasser, Entsorgung, WC, Müll-Entsorgung, WLAN. Dusche 0,50 €/4 min, Waschmaschine/Trockner je 5 €. Je nach Saison 15-25 €.
Distanz: 0 km, 3 km, 3 km, 5 km.
Gastro: Tägl. ab 12:00 Uhr, Brötchenservice.

Freizeit: Naturbadesee, Edelsteinsuchen für Kinder, Premiumwanderweg Traumschleife Stumm-Eisenhüttenweg, Multifunktionssportplatz, Tischtennis, Bike-Park, Nordic-Walking-Park Mörschied 0,1 km.
POI: Edelstein-Wasserschleiferei, Nationalpark Hunsrück-Hochwald 0,8 km, Wildenburg Wildfreigehege 3 km, Edelsteingarten Kempfeld 3 km, hist. Herrstein 6 km.
Kontakt: ☎ 06786/1304, mail@harfenmuehle.de, stellplatz-hunsrueck.de

GRÖBERNER SEE, DÜBENER HEIDE

Wohnmobil-Camp
Alte Chausseestraße 1
06774 Muldestausee
Tel.: 034955/230000
www.seeresort-groebern.de

Fläche (km²): 3,7
Das gibt's: Tagebau-See am Rand der Dübener Heide
Erlebnis: Baden, Wandern, Radeln

Wohnmobil-Camp See- und Waldresort Gröbern

Alte Chausseestraße 1
06774 Muldestausee
Tel.: 034955/230000
www.seeresort-groebern.de

Im Naturpark Dübener Heide, am Gröberner See

GPS: 51°41'42.44"N/12°26'55.65"E

Platz: = 24 auf Kiesel. =24 (16 A) WC CHEM GRAU . Grillplatz am See gegen Gebühr. Ganzjährig geöffnet.
Preis: Ab 20 € inkl. Strom, Wasser, Entsorgung, Dusche, WC, Müll-Entsorgung, WLAN. NS 20 €, ZS 25 €, HS 30 €.
Distanz: Ⓗ 0,5 km, 0 km, weitere Restaurants in 0,5 km Entfernung, 6 km, 6 km.
Gastro: Restaurant Waldelefant am Platz.

Freizeit: Bootsverleih, Badestrand mit Hundestrand 0,5 km, Naturpark Dübener Heide 4 km.
POI: Ferropolis 9 km, Wörlitzer Park 22 km.
Anfahrt: B100 → Gröbern, auf Alte Chausseestraße abbiegen.
Kontakt: See- und Waldresort Gröbern, ☎ 034955/230000, rezeption@seeresort-groebern.de, www.seeresort-groebern.de

GROSSER PLÖNER SEE, HOLSTEINISCHE SCHWEIZ

Tourist-Info
Bahnhofstraße 5
24306 Plön
Tel.: 04522/50950
www.holsteinischeschweiz.de

Fläche (km²): 28
Das gibt's: Größter See Schleswig-Holsteins und zehntgrößter See Deutschlands, beliebtes Naherholungsgebiet
Erlebnis: Insgesamt 15 Badestellen, Wasserwandern, Segeln, Tauchen, Angeln, Wandern, Radeln

NATURSCHUTZGEBIET INSELN IM GROẞEN PLÖNER SEE UND HALBINSEL STÖRLAND

Camping Godau

Störlandweg 1
24326 Nehmten-Godau
Tel.: 0152/22972745
camping-ploener-see.com

Wiese am Großen Plöner See in sehr ruhiger Lage

GPS: 54°7'18.14"N/10°23'29.23"E

Platz: = 15, = 10 (< 12 m) auf Wiese. . Aufenthalt max. 3 Nacht. Geöffnet Ende März-31.10.
Preis: 10 € inkl. Wasser, Entsorgung. Strom 3 €.
Distanz: 0,5 km, Ⓗ 0,5 km, 5 km, 10 km.
Freizeit: 15 km, 5 km. Badesee.
POI: Schloss Plön 15 km.
Anfahrt: Über Dersau nach Godau.

Kontakt: Falk Mahnke, Mobil: 0152/22972745, info@camping-ploener-see.com, camping-ploener-see.com

NEUENHAINER SEE, SCHWALM-EDER-KREIS

Erholungszentrum
Seeblick 14
34599 Neuental
Tel.: 06693/1287
www.neuenhainer-see.de

Fläche (km²): 0,1
Das gibt's: Naturbadesee mit Sandstrand und Liegewiese in einem Ferienpark, Tretbootverleih
Erlebnis: Baden (DLRG), Paddeln, Boot fahren, Wandern, Radeln

Parkplatz am Erholungszentrum

Seeblick 14
34599 Neuenhain-Neuental
Tel.: 06693/1287
www.neuenhainer-see.de

Ebener Stellplatz am Neuenhainer See

GPS: 50°59'42.07"N/9°15'59.73"E

Platz: = 8 auf Asphalt. WC CHEM. Nutzung der Sanitäranlagen auf dem Campingplatz mit Chipkarte möglich, Duschen von Dezember-Januar geschlossen. Ganzjährig geöffnet.

Preis: 5 € inkl. Entsorgung. Strom 1 €/12 h, Wasser 1 €, Dusche 0,50 €/5 min, WLAN 1,50 €/Tag.

Distanz: 1 km, 1 km, 2 km, 0 km, weitere Restaurants in 4 km Entfernung.

Gastro: Restaurant am Campingplatz.

Freizeit: 0,1 km. Tennisplatz, Beachvolleyballfeld, Sommerrodelbahn.

POI: Wildpark Knüll 12 km, Bergbau-Museum Borken 15 km.

Anfahrt: A7 Ausfahrt 84, weiter auf B323/254 nach Frielendorf, dort rechts → Neuenhain abzweigen, danach der Beschilderung zum Campingplatz folgen.

Kontakt: Stadt Neuental, ☎ 06693/1287, info@neuenhainer-see.de, www.neuenhainer-see.de

NEUKLOSTERSEE, NORDWESTMECKLENBURG

Tourist-Info
Hauptstraße 27
23992 Neukloster
Tel.: 038422/44030
www.stadt-neukloster.de

Fläche (km²): 2,7
Das gibt's: Der nordwestlichste zur Sternberger Seenlandschaft gehörende größere Binnensee, 25 Kilometer südöstlich von Wismar, eiszeitlich geformt. Badeanstalt, ASB Wasserrettung (15. Mai bis 15. September), Bootsverleih
Erlebnis: Baden, Rudern, Angeln, Wandern

Wohnmobilpark am See Neukloster

Alte Gärtnerei 3
23992 Neukloster
Tel.: 038422/58492
www.wohnmobilpark-am-see.de

Hinter der Stadthalle am östlichen Ufer der Halbinsel Neukloster

GPS: 53°51'37.33"N/11°41'47.27"E

Platz: = 69 auf Schotter, Wiese. =56 (10 A) WC CHEM GRAU . Leinenpflicht für Hunde. Rezeptionszeiten: 7:30-9:30 Uhr und 14:00-16:00 Uhr. Ganzjährig geöffnet.
Preis: 16 € inkl. Wasser, Entsorgung, WC, Müll-Entsorgung. Strom 1 €/2 kWh, Dusche 2 €, VE für Durchreisende 5 €.
Distanz: 0,3 km, 0,8 km, Ⓗ 0,8 km, 0,8 km.
Gastro: Biergarten am See. Brötchen-, Pizza-, und Whiskyservice.
Freizeit: 0,5 km. Badestelle am See, Angeln, Bootsverleih 0,4 km, Naturfreibad Neuklostersee mit Bootsverleih und Biergarten 0,4 km.
POI: Heimatmuseum 0,4 km, Klostergarten 0,4 km, Klosterkirche 0,5 km, Kunstscheune Nakenstorf 1 km, Pennewitter Hünengrab 5 km.
Anfahrt: In Neukloster der Beschilderung Wohnmobilpark folgen (Navi: August-Bebel-Allee).
Kontakt: Wohnmobilpark am See, Andreas Fenner, ☎ 038422/58492, kontakt@wohnmobilpark-am-see.de, www.wohnmobilpark-am-see.de

GIFIZSEE, ORTENAU

Tourist-Info
Fischmarkt 2
77656 Offenburg
Tel.: 0781/822800
www.offenburg.de

Fläche (km²): 0,2
Das gibt's: Baggersee mit Strandbad und Grillplatz am westlichen Rand des Schwarzwalds
Erlebnis: Baden, Angeln, Wandern, Radeln

Strandbad Gifizsee

Platanenallee 15
77656 Offenburg
Tel.: 0781/63986880
www.gifizsee.de

Stellplatz in Seelage im Gifiz-Strandbad

GPS: 48°27'27.45"N/7°56'15.86"E

Platz: = 12 auf Rasengittersteine. =24 (12 A) WC CHEM GRAU . Tiergehege. wird empfohlen. Zufahrt neben der Strandbadkasse. Schlüssel fürs Tor gegen 20 € Pfand an der Kasse. Ankunft 10:00-19:00 Uhr, sonst auf Anfrage. Leinenpflicht für Hunde. Geöffnet: Anfang Mai-Mitte Oktober.

Preis: 25 € inkl. Entsorgung, Dusche, WC, Müll-Entsorgung, WLAN, Strandbad-Eintritt. Jede weitere Pers. 4,50 €, Kind (2-3 J.) 2 €, Kind (4-15 J.) 3 €, Strom 1 €/ kWh, Wasser 1 €/5 min, Hund 2 €.

Distanz: H 0,5 km, 1,5 km, 2 km, 3 km.

Gastro: Kiosk am Platz, geöffnet bei gutem Wetter von 11:00-19:30 Uhr.

Freizeit: 2 km, 2 km. Strandbad, Tretbootfahren, Segeln, Minigolf, Volleyball.

Anfahrt: A5 Ausfahrt Offenburg, über B33a → Stadtmitte, rechts auf die B33 bis zur Ausfahrt Südring, über Ahornallee bis Platanenallee, beschildert.

Kontakt: Dirk Hesse, ☎ 0781/63986880, Mobil: 0177/4195371, strandbad@t-online.de, www.gifizsee.de

BIGGESEE, SAUERLAND

Tourist-Info
Westfälische Straße 11
57462 Olpe
Tel.: 02761/831900
www.olpe-erleben.de

Fläche (km²): 8,8
Das gibt's: Größte Talsperre in NRW, mehrere Badestellen unter anderem in Olpe-Kessenhammer
Erlebnis: Baden, Angeln, Segeln, Surfen, Rudern, Tauchen, Wandern, Radeln, Aussichtsplattform Biggeblick bei Attendorn

PERSONENSCHIFFFAHRT

Reisemobilplatz am Freizeitbad Olpe

Seeweg 5
57462 Olpe
Tel.: 02761/93850
www.freizeitbad-olpe.de

Entlang dem Bigge-Ufer

GPS: 51°1'55.62"N/7°50'26.94"E

Platz: = 10 auf Asphalt, Rasengittersteine. CHEM GRAU . WC im Freizeitbad. Aufenthalt max. 3 Nächte. Ganzjährig geöffnet.
Preis: 10 € inkl. Entsorgung, Kurtaxe. Strom 1 €/2 kWh, Wasser 0,20 €/10 min. Bezahlung an der Badkasse. 2 € Ermäßigung auf den Eintritt.
Distanz: , weitere Restaurants in 0,3 km, 0,3 km, 0,3 km, Ⓗ 0,3 km.
Gastro: Restaurant im Freizeitbad (nur für Badegäste).
Freizeit: Beleuchteter Rundweg um den Obersee der Biggetalsperre (3,4 km), hist. Stadtrundgang, Naturminigolfanlage und Bootsverleih 0,4 km, Schifffahrt auf dem Biggesee 6 km.
POI: Hist. Stadtkern 0,4 km.
Anfahrt: A45 Kreuz Olpe-Süd Ausfahrt Wenden, B54/55 → Olpe. Östlich an der Brücke in "In der Wüste" abzweigen, Schildern zum Freizeitbad folgen.
Kontakt: Olper Bäderbetriebe, ☎ 02761/93850, info@freizeitbad-olpe.de, www.freizeitbad-olpe.de
Weitere Stellplätze (siehe auch www.bordatlas.de):
Naturcamping Kessenhammer, Kessenhammer 3, Tel.: 02761/94420, www.naturcamping-biggesee.de

ATTERSEE, OSNABRÜCKER LAND

Tourist-Info
Bierstraße 22
49074 Osnabrück
Tel.: 0541/3232202
www.osnabrueck.de

Fläche (km²): <0,1
Das gibt's: Privat betriebener See nordwestlich von Osnabrück auf niedersächsischer Seite mit Strandpark
Erlebnis: Baden, Tretboot fahren

Campingplatz Bullerby

Zum Attersee 50
49076 Osnabrück
Tel.: 0541/124147
www.campbullerby.de
Auf dem Campingplatz am Badesee

GPS: 52°18'0.79"N/7°56'28.46"E

Platz: = 10 auf Wiese, Asphalt, Rasengittersteine. WC CHEM GRAU . nur bei Gruppen. Weitere 50 Stellplätze auf dem Campingplatz. Anfahrt 8:00-22:00 Uhr. Ganzjährig geöffnet.
Preis: 22 € inkl. Wasser, Entsorgung. Jede weitere Pers. 5 €, Strom 0,60 €/ kWh und 1 €, Dusche 0,50 €/5 min, Hund 1,50 €. Duschkarten mit aufladbarem Guthaben möglich.
Distanz: Ⓗ 0,5 km, 0,8 km, 3 km, 5 km.
Gastro: Restaurant Busch Atter in 0,6 km.
Freizeit: 8 km. Attersee, Sportplatz, Tischtennis, Angeln mit Tageskarte, Bootsverleih (Ruder-/ Tretboote), Golfplatz 1 km.
POI: Rathaus des Westfälischen Friedens, Osnabrücker Schloss, Dom Sankt Peter.
Anfahrt: A1 Ausfahrt Osnabrück-Hafen → Attersee.
Kontakt: Carsten Knüppel, ☎ 0541/124147, info@campbullerby.de, www.campbullerby.de

IDASEE, OSTFRIESLAND

Heimat-, Gewerbe- und
Verkehrsverein
Hauptstraße 115
26842 Ostrhauderfehn
Tel.: 04952/80544
www.suedliches-ostfriesland.de

Fläche (km²): 1
Das gibt's: Naherholungsgebiet rund um den Baggersee, Sandstrand
Erlebnis: Baden, Angeln, Wadern, Kinderspielplatz

Camping- und Freizeitanlage Idasee

Idafehn Nord 77 b
26842 Ostrhauderfehn
Tel.: 04952/994297
www.campingidasee.de
Separater Stellplatz auf dem Camp am See

GPS: 53°9'15.04"N/7°38'33.41"E

Platz: = 16 auf Schotterrasen. WC CHEM GRAU . R Unbegrenzter Aufenthalt. Weitere Stellplätze auf dem Campinggelände. Ganzjährig geöffnet.
Preis: 12 € inkl. Entsorgung, WC und 4 kWh Strom. Dusche 0,50 €/Pers.
Distanz: , weitere Restaurants in 1,5 km, H 0,1 km, 1,3 km, 1,3 km.
Gastro: Warme Küche 12:00-19:00 Uhr.
Freizeit: 7 km, 7 km, 2 km. Angeln, Badesee, Abenteuerspielplatz.

POI: Mühle Idafehn, Fehn- und Schifffahrtsmuseum in Rhauderfehn.
Anfahrt: B72 Cloppenburg-Aurich, Ausfahrt Strücklingen, weiter auf der B438 → Rhauderfehn, in Idafehn rechts abbiegen.
Kontakt: Familie Kraft, ☎ 04952/994297, info@campingidasee.de, www.campingidasee.de

LIPPESEE, OSTWESTFALEN

Tourist-Info
Marienplatz 2a
33098 Paderborn
Tel.: 05251/8812980
www.paderborn.de

Fläche (km²): 1
Das gibt's: Paderborner Seenlandschaft mit Lippe- und Nesthauser See, Lippesee heißt offiziell Talsperre Sander-Lippe
Erlebnis: Baden, Segeln, Surfen, Stand-up-Paddeln, Tretboot- und Radfahren, Spazierengehen, Joggen, Minigolf spielen

WASSERSKI-SEILBAHNEN

Am Lippesee-Nordufer

Sennelagerstraße 58
33106 Paderborn-Sande
Tel.: 05251/8812980
www.paderborn.de/tourismus

Bei der DLRG-Station am Nordufer des Lippesees, 0,5 km von der Badestelle

GPS: 50°21'18.90"N/11°1'13.47"E

Platz: = 20 auf Wiese, Schotter. . Ganzjährig geöffnet.
Preis: Übernachtung gratis.
Distanz: Ⓗ 0,3 km, 0,5 km, 0,5 km, 0,5 km, weitere Restaurants in 0,6 km.
Gastro: 2 Kioske am See.
Freizeit: 2 km. Surfen, Segeln, Minigolf 0,1 km, Boulebahn 0,1 km, Tretboot-Verleih im Freizeitparadies Lippesee 0,1 km, Badestrand 0,5 km, Wasser-Skiseilbahn Nesthauser See 1,5 km.
POI: Schloss Neuhaus 4 km, Paderborn 8 km.

Anfahrt: A33 Anschlussstelle Paderborn-Schloss Neuhaus, B64 → Delbrück/Rheda-Wiedenbrück, nach 4 km, unmittelbar nach Überquerung der Lippe, rechts abbiegen in die Sennelagerstraße (→ Sennelager). Parkplatz nach 1,5 km rechts an der DLRG-Station.
Kontakt: Tourist-Info Paderborn, ☎05251/8812980, tourist-info@paderborn.de, www.paderborn.de/tourismus

BADESEE AM CAMPINGPLATZ, EMSLAND

Tourist-Info
Hauptkanal links 36
26871 Papenburg
Tel.: 04961/83960
www.papenburg-marketing.de

Fläche (km²): <0,1
Das gibt's: Kleiner Naturbadesee am Campingplatz
Erlebnis: Baden, Wandern, Radeln

Camping Papenburg

Zum Poggenpoel 101
26871 Papenburg
Tel.: 04961/974026
www.papenburger-campingplatz.de

Am Badesee mit Sandstrand, in Ortsrandlage

GPS: 53°3'55.32"N/7°25'37.08"E

Platz: = 10 auf Pflaster. WC CHEM GRAU. Rezeption Mittagspause 13:00-15:00 Uhr. Aufenthalt max. 3 Nächte. Ganzjährig geöffnet.
Preis: 12 € inkl. Wasser, Entsorgung, Dusche, WC, Müll-Entsorgung. Jede weitere Pers. 5 €, Kind (5-17 J.) 3 €, Strom 2,50 €.
Distanz: 0,5 km, Ⓗ 1 km, 2 km, 3,5 km.
Gastro: Bistro Kiek In auf dem Gelände.

Freizeit: 1 km, 2 km. Badestrand, Angeln, Golf 1 km, Tennis 1 km.
POI: Von-Velen-Museumsanlage 2 km, Schifffahrts-Freilichtmuseum im gesamten Stadtgebiet 2,5 km, Bockwindmühle und St. Amandus-Kirche in Papenburg 3,5 km, Meyer Werft 7 km.
Kontakt: Campingplatz Papenburg, ☎ 04961/974026, Campingplatz@papenburg.de, www.papenburger-campingplatz.de

FRIEDENHAIN-SEE, BAYERISCHER WALD

Gemeinde
Schulstraße 3
94365 Parkstetten
Tel.: 09421/99330
www.parkstetten.de

Fläche (km²): 0,4
Das gibt's: See im Urlaubsland Staubing-Bogen/St. Eglmar mit Sandstrand und großem Sportangebot
Erlebnis: Baden, Volleyball, Wandern, Radeln

Wohnmobilhafen Friedenhain-See Freizeitanlagen

Münsterer Straße 52 A
94365 Parkstetten
Tel.: 09421/82700
www.friedenhainsee.de
Direkt am See mit eigener Zufahrt

GPS: 48°55'49.21"N/12°34'41.17"E

Platz: = 11 auf Schotter, Schotterrasen. =12 (16 A) CHEM GRAU . Anfahrt 12:00-20:00 Uhr. WC, Waschmaschine/Trockner sowie weitere Stellplätze auf dem Campingplatz. Geöffnet: 1.4.-26.9.
Preis: 24 € inkl. Wasser, Entsorgung, Dusche, Müll-Entsorgung, WLAN, WC. Zugang Strandbad inklusive.
Distanz: 3 km, 3 km, Ⓗ 3 km, 3 km.
Gastro: Am Platz, warme Küche 11:00-21:00 Uhr, Brötchen-/Frühstücksservice.

Freizeit: Beachvolleyball, Golfen, Tennis, Segeln, Surfen, Angeln, Strandbad, Wasserski-/Wakebord-Seilbahn, Breitwellenwasserrutsche, SUP-Verleih.
POI: Hist. Altstadt Straubing.
Anfahrt: A3 Regensburg-Passau, Ausfahrt Straubing/Kirchroth, → Straubing, Naherholungsgebiet. Schilder Camping/Wasserski folgen. B20 bis Parkstetten, im Kreisel → Münster, Friedenhain.
Kontakt: Friedenhain-See Freizeitanlagen, ☎ 09421/82700, Mobil: 0171/8214508, info@friedenhainsee.de, www.friedenhainsee.de

BADESEE LAHDE, MINDER LAND

Tourist-Info
Schlossfreiheit 2-4
32469 Petershagen/Weser
Tel.: 05702/822157
www.petershagen.de

Fläche (km²): <0,1
Das gibt's: Badesee mit Sandstrand
Erlebnis: Baden, Wandern, Radeln, Angeln

KLOSTERMÜHLE IM ORTSTEIL LAHDE

Stellplatz Beachbar 12

Filler Straße 12
32469 Petershagen/Weser
Tel.: 05702/822157
www.petershagen.de
Am Nordufer des Badesee Lahde

GPS: 52°21'27.00"N/9°0'13.00"E

Platz: = 4 auf Wiese. . Aufenthalt max. 3 Tage. Während der Saison 15.5.-15.9. Anmeldung in der Beachbar erwünscht. Ganzjährig geöffnet.
Preis: Übernachtung gratis. Strom über Münzsäule.
Distanz: 1 km, 1 km, Ⓗ 1,4 km, 6 km.
Gastro: Beachbar am Platz.
POI: Mühlen, Westfälisches Industriemuseum Glashütte Gernheim, Westfälisches Storchenmuseum Windheim, Mini-Shetlandpony-Zucht mit Ausstellung 0,5 km, Minden 13 km.

Kontakt: Stadt Petershagen, ☎ 05702/822157, tourismus@petershagen.de, www.petershagen.de

GROSSER BROMBACHSEE, MITTELFRANKEN

Tourist-Info
Hauptstraße 31
91720 Absberg
Tel.: 09175/1710
www.absberg.de

Fläche (km²): 8,7
Das gibt's: Stausee in Mittelfranken, Herzstück und größter See des Fränkischen Seenlandes, Kleiner Brombachsee in der Nähe
Erlebnis: Baden, Wandern, Radeln, Angeln, Segeln, Surfen, Boot fahren

Wohnmobilstellplatz Ramsberg

Am Segelhafen
91785 Pleinfeld-Ramsberg
Tel.: 09144/571
www.zv-brombachsee.de

Am Strand beim Seglerhafen am Südufer des Großen Brombachsees

GPS: 49°7'20.20"N/10°55'38.79"E

Platz: = 28 auf Wiese, Schotter. =28 (16 A) CHEM. Keine Reservierung möglich, Sanitär im Hafengebäude (200 m) 7:00-22:00 Uhr, Strom über Münzautomat. Geöffnet: 1.4.-15.11.
Preis: 13,50 € inkl. Entsorgung. Strom 0,50 €/ kWh, Kurtaxe 1,50 €. Tageskarte 5 €, nur Übernachtung 10 €.
Distanz: 0,3 km, 0,8 km, 0,8 km, 1 km.
Gastro: Kiosk.
Freizeit: Wassersport, Ausflugsfahrten mit dem Schiff, Volleyball, Angeln, Segeln, Hochseilgarten.

Kontakt: Zweckverband Brombachsee, ☎ 09144/571, mail@zv-brombachsee.de, www.zv-brombachsee.de

Weitere Stellplätze (siehe auch www.bordatlas.de):
Reisemobilhafen Badehalbinsel Absberg,
Badehalbinsel 5, 91720 Absberg, Tel.: 09144/571, www.zv-brombachsee.de

GROSSER PLÖNER SEE, HOLSTEINISCHE SCHWEIZ

Tourist-Info
Bahnhofstraße 5
24306 Plön
Tel.: 04522/50950
www.holsteinischeschweiz.de

Fläche (km²): 28
Das gibt's: Größter See Schleswig-Holsteins und zehntgrößter See Deutschlands, beliebtes Naherholungsgebiet
Erlebnis: Insgesamt 15 Badestellen, Wasserwandern, Segeln, Tauchen, Angeln, Wandern, Radeln, Ausflüge zum Kleinen Plöner See

NATURSCHUTZGEBIET, INSELN IM GROßEN PLÖNER SEE UND HALBINSEL STÖRLAND

Campingpark Gut Ruhleben

Missionsweg 2
24306 Plön
Tel.: 04522/8347
www.camp-ruhleben.de

Stellplätze vor der Schrankenanlage zum in die Seen-/ Waldlandschaft eingebetteten Campingpark

GPS: 54°8'39.74"N/10°26'59.06"E

Platz: = 7 auf Wiese. Anfahrt 24 h, Aufenthalt max. 3 Nächte. Weitere Stellplätze auf dem Campinggelände zu den Campingpreisen. Geöffnet: 1.4.-1.10.
Preis: Ab 14 € inkl. Strom, Wasser, Entsorgung. Dusche 0,75 €/5 min, Hund ab 3 €. NS 14 €, HS 19 €.
Distanz: 0,5 km, 1,5 km, 4,5 km.
Gastro: Restaurant am Platz.
Freizeit: 1 km, 1 km, 3 km. Angeln, Segeln, Baden, Kanu und Kajak fahren, Eutiner Festspiele 13 km, Hansa-Park Ostsee 22 km.

POI: Schloss Plön 4,5 km, Schloss Eutin 13 km.
Anfahrt: A1 Hamburg-Puttgarden, Ausfahrt Eutin, auf der B76 bis Plön oder A7 Flensburg-Hamburg, Ausfahrt Kiel, auf B76 bis Ausfahrt Plön.
Kontakt: ☎ 04522/8347, campingplatz@camp-ruhleben.de, www.camp-ruhleben.de

Weitere Stellplätze (siehe auch www.bordatlas.de):
Naturcamping Spitzenort, Ascheberger Straße 76, Tel.: 04522/2769, www.spitzenort.de

24306 **Plön-Bösdorf**

VIERER SEE, HOLSTEINISCHE SCHWEIZ

Tourist-Info
Bahnhofstraße 5
24306 Plön
Tel.: 04522/50950
www.holsteinischeschweiz.de

Fläche (km²): 1,3
Das gibt's: See der Gemeinde Bösdorf im Kreis Plön, vom Großen Plöner See durch einen schmalen Streifen Land getrennt
Erlebnis: Baden an Badestellen, Angeln, Wandern, Radeln

Campingpark Augstfelde am Vierer See

Augstfelde 1
24306 Plön-Bösdorf
Tel.: 04522/8128
www.augstfelde-camping.de

Am östlichen Ufer des Vierer Sees mit eigenem Seeufer

GPS: 54°7'44.36"N/10°27'18.31"E

Platz: = 16 auf Schotterrasen, Wiese. =16 (16 A) WC CHEM GRAU . Mittagspause 13:00-14:30 Uhr, An- u. Abreise stets möglich. Aufenthalt max. 3 Nächte. Weitere Stellplätze auf dem Campinggelände zu den Campingpreisen. Geöffnet: 1.4.-23.10.
Preis: Ab 14 € inkl. Wasser, Entsorgung, WC, Müll-Entsorgung. Strom 3 €, Dusche 0,75 €/5 min, WLAN 1,50 €/24 h. HS 20 €, NS 14 €.
Distanz: , 0 km, Ⓗ 3 km, 3 km.
Gastro: Warme Küche 17:00-21:00 Uhr.

Freizeit: 8 km, 6 km. Minigolf, Billard/Tischtennis, Badestrand (separater Hundestrand), Boot-/Kanuverleih und Golfplatz 0,1 km.
POI: Feldsteinkirche Bosau 3 km, Bräutigams Eiche, Dodauer Forst 6 km, Kurpark Bad Malente 8 km, Schloss Plön 8 km, Schloss Eutin 10 km.
Anfahrt: A1/E47 bis Eutin, B76 → Plön, hinter Bösdorf → Bosau abbiegen, beschildert.
Kontakt: Janet Lembcke, ☎ 04522/8128, info@augstfelde-camping.de, www.augstfelde-camping.de

POCKINGER BADESEE, NIEDERBAYERN

Rathaus
Simbacher Straße 16
94060 Pocking
Tel.: 08531/7090
www.pocking.de

Fläche (km²): 0,3
Das gibt's: Baggersee mit Naturfreibad und großer Liegewiese
Erlebnis: Baden, Wandern, Radeln, Beachvolleyball

ZWEI KÜNSTLICHE INSELN

Seecamp

Haid 3 a/b
94060 Pocking
Tel.: 08531/9000-11
www.seecamp-rottal.de

Am Naturbadesee, inmitten des niederbayerischen Bäderdreiecks

GPS: 48°23'2.17"N/13°18'12.22"E

Platz: =22 auf Schotter. =22 (15 A) WC CHEM GRAU. Pflanz- und Pflückgarten, Fasssauna, Infrarotkabine. R Reservierung über Mobilnummer oder E-Mail. Ganzjährig geöffnet.

Preis: 10 € inkl. Wasser, Entsorgung, Dusche, WC, WLAN. Strom 0,50 €/kWh, Müll-Entsorgung je 0,50 €, Fahrradverleih ab 2 €.

Distanz: H 0,5 km, 0,5 km, 0,5 km, weitere Restaurants in 2,2 km, 1 km.

Gastro: Sternenhof-Café in der Nähe, Kiosk am See.

Freizeit: Volleyballfelder, Nordic-Walking-Pfad, Naturbadesee 0,2 km, Europa Therme Bad Füssing 4,2 km.

POI: Sternenhof 0,2 km, Kirchen, Klöster/Burgen 10 km, Dreiflüssestadt Passau 25 km.

Anfahrt: B12/B388 zwischen Pocking und Bad Füssing.

Kontakt: Fam. Gruber, ☎ 08531/9000-11, Mobil: 0176/19779012, info@seecamp-rottal.de, www.seecamp-rottal.de

TALSPERRE PÖHL, VOGTLAND

Zweckverband Talsperre Pöhl
Hauptstraße 51
08543 Pöhl
Tel.: 037439/4500
www.talsperre-poehl.de

Fläche (km²): 3,9
Das gibt's: Sachsens drittgrößter Stausee erstreckt sich im Vogtland, vielfältiges Freizeitangebot
Erlebnis: Baden, Wandern, Segeln, Windsurfen, Beachvolleyball, Radeln

Wohnmobilstellplatz am Gunzenberg

Hauptstraße 38
08543 Pöhl-Möschwitz
Tel.: 037439/45050
www.talsperre-poehl.de

An der Talsperre Pöhl, neben dem Campingplatz, von einem kleinen Wald umgeben

GPS: 50°32'24.38"N/12°11'8.25"E

Platz: = 16 auf Schotterrasen, Wiese, Rasengittersteine. =10 (16 A) CHEM GRAU . Wohnmobil-Service und weitere Stellplätze auf dem Camping. Geöffnet: 26.3.-31.10.
Preis: 15 € inkl. Strom, Wasser, Entsorgung, Müll-Entsorgung, Kurtaxe. Bezahlung: Münzautomat/ EC-Kartenzahlung.
Distanz: Ⓗ 0,2 km, 0,3 km, 0,3 km, 5 km.
Gastro: Warme Küche 11:00-21:00 Uhr, Brötchenservice.
Freizeit: 5 km, 5 km, 0,1 km. Minigolf, Fahrgastschifffahrt, Kletterwald, Segeln, Surfen, Baden, Angeln, Bootsverleih 0,7 km, Golfplatz 1 km, Surf-/Segelschule 5 km.
POI: Julius-Mosen-Turm 2 km, Elstertalbrücke 3 km, Plauen mit Altstadt, Spitzenmuseum, Schaustickerei 5 km, Drachenhöhle Syrau 8 km.
Anfahrt: A72/E441 Ausfahrt 7 (Plauen Ost), 5 km → Talsperre Pöhl.
Kontakt: Campingplatz Gunzenberg, ☎ 037439/45050, tourist-info@talsperre-poehl.de, www.talsperre-poehl.de

KIRCHSEE, HOLSTEINISCHE SCHWEIZ

Tourist-Info
Mühlenstraße 9
24211 Preetz
Tel.: 04342/7280420
www.preetz.de

Fläche (km²): 0,1
Das gibt's: See in der Holsteinischen Schweiz, durchflossen vom Fluss Schwentine
Erlebnis: Baden, Angeln, Wandern, Radeln

Wohnmobilpark Preetz

Kahlbrook 25 A
24211 Preetz
Tel.: 04342/309549
www.kanucenter-ploen.de

Zentrumsnah, in parkähnlicher Umgebung am See

GPS: 54°13'41.53"N/10°17'9.70"E

Platz: = 11 auf Schotterrasen. =11 (16 A) WC GRAU. Überdachte Grillecke. Reservierung online ab 2 Nächten. Sanitär vom 1.11.-14.3. gesperrt. Weitere Stellplätze auf dem Camping. Ganzjährig geöffnet.
Preis: 20 € inkl. Strom, Wasser, Entsorgung, Dusche, WC, Müll-Entsorgung, WLAN. Jede weitere Pers. 6,50 €.
Distanz: 0 km, weitere Restaurants in 0,5 km, 0,5 km, 0,8 km, 0,8 km.
Gastro: Warme Küche 12:00-19:30 Uhr.

Freizeit: 0,5 km, 3 km, 0,1 km. Badesee, Kanu/Tretboot fahren, geführte Radtouren, Angeln 0,2 km, Reiten 2,5 km, Saunabad Preetz 3 km, Ostseestrand 15 km, Indoorspielplatz 16 km.
POI: Natur-und Kulturerlebnisraum Schusteracht, Holzschuhmuseum, Schloss Salzau 10 km.
Anfahrt: B76 nach Preetz abbiegen, im Ort den Camping-Schildern folgen. Navi: Bitte kleinere Hausnummer eingeben.
Kontakt: Hr. Laas, ☎ 04342/309549, info@kanucenter-ploen.de, www.kanucenter-ploen.de

GROSSER PRIEPERTSEE, MECKLENB. SEENPLATTE

Tourist-Info
Burg 1
17255 Wesenberg
Tel.: 039833/27567
www.klein-seenplatte.de

Fläche (km²): 1
Das gibt's: See des Neustrelitzer Kleinseenlandes, durchflossen von der Havel
Erlebnis: Baden, Angeln, Paddeln, Wandern, Radeln

Wohnmobilpark Am großen Priepertsee

An der Freiheit 8
17255 Priepert
Tel.: 0172/4803651
www.wohnmobilpark-priepert.de
Auf einer Anhöhe direkt am Großen Priepertsee

GPS: 53°13'13.61"N/13°2'31.59"E

Platz: P / = 30 auf Wiese. =22 WC CHEM GRAU . R Reservierung Juni-August empfohlen, Betreiber kommt täglich am Platz vorbei. Geöffnet: April-Ende Oktober.
Preis: 8,50 € inkl. aller Personen, Wasser, Entsorgung, Müll-Entsorgung. Strom 2,50 €, Dusche 1 €/Pers., WC 3 €, Kurtaxe 1,20 €.
Distanz: 0,1 km, H 0,3 km, 0,4 km, 12 km.
Gastro: Restaurant Yachthafen, warme Küche 11:00-21:00 Uhr.
Freizeit: Angeln, Floßverleih im Ort, Kanuverleih 0,1 km, Badestelle 0,1 km, Wasserski am Woblitzsee 12 km, Tiergarten Neustrelitz 14 km.
POI: Heimatstube Priepert 0,3 km, Schloss Rheinsberg und Keramikwerkstätten 12 km, Burg Wesenberg und Spielzeugmuseum Villa Pusteblume 12 km.
Anfahrt: B96 zwischen Fürstenberg und Neustrelitz links nach Priepert abbiegen.
Kontakt: Siegrid Schade, Mobil: 0172/4803651, wohnmobilpark@web.de, www.wohnmobilpark-priepert.de

SCHLADITZER SEE, LEIPZIGER TIEFLANDSBUCHT

Gemeinde
Hauptstraße 11
04519 Rackwitz
Tel.: 0394294/7110
www.gemeinde-rackwitz.de

Fläche (km²): 2,2
Das gibt's: Tagesbaurestloch elf Kilometer von der Leipziger Innenstadt entfernt, zwei Badestellen, großes Sportangebot
Erlebnis: Baden, Segeln, Surfen, Rudern, Kanufahren, Volley- und Beachball

WASSERSPORTZENTRUM ALL-ON-SEA

Camp David Sport Resort by All-on-Sea

Haynaer Straße 1
04519 Rackwitz
Tel.: 034294/858687
www.campdavid-sportresort.de

Am Schladitzer See, in der Schladitzer Bucht

GPS: 51°26'14.72"N/12°20'41.58"E

Platz: P =65 auf Wiese, Schotter, Asphalt. =55 (16 A) WC CHEM GRAU . R wird empfohlen. Leinenpflicht für Hunde. Anreise 14:00-18:00 Uhr, bei späterer Anreise 0160/96300219. Ganzjährig geöffnet.

Preis: Ab 20 € inkl. Wasser, Entsorgung, Dusche, WC, Müll-Entsorgung, WLAN. Strom 2 €/Nacht. Januar-März, November 20 €, April-Mai, September-Oktober, Dezember 23 €, Juni-August, Feiertage und Ferien in Sachsen 24 €.

Distanz: , 2 km, 3 km, Ⓗ 3,7 km.

Gastro: Restaurant/Bistro am Platz, Frühstück auf Bestellung, Brötchenverkauf 8:00-10:00 Uhr.

Freizeit: Wassersportkurse, Reiten, Strand 0,2 km, Wasser-Fun-Park 0,3 km, Tauchbasis 0,4 km.

POI: Leipziger Innenstadt 13 km, Panometer 18 km.

Anfahrt: A14 Ausfahrt Leipzig-Mitte, B2 → Delitzsch, auf B184, am Diska Supermarkt links abbiegen auf Güntheritzer Straße → Schladitzer Bucht.

Kontakt: Juliane Wolf, ☎ 034294/858687, Mobil: 0160/96300219, unterkunft@all-on-sea.de, www.campdavid-sportresort.de

GROSSER KÜCHENSEE, LAUENBURGISCHE SEEN

Tourist-Info
Unter den Linden 1
23909 Ratzeburg
Tel.: 04541/8000886
www.herzogtum-lauenburg.de

Fläche (km²): 12,6
Das gibt's: See im Südosten Schleswig-Holsteins im Naturpark Lauenburgische Seen mit Strandbad, Bootsverleih und Segelschule
Erlebnis: Baden, Segeln, Kanu fahren, Radeln

Wohnmobilstellplatz Aqua Siwa

Fischerstraße
23909 Ratzeburg
Tel.: 04541/8000886
www.ratzeburg-tourismus.de

An der Schwimmhalle und Badestelle am Großen Küchensee

GPS: 53°41'45.00"N/10°46'35.00"E

Platz: = 12 auf Schotter. =8 (16 A) CHEM GRAU . Aufenthalt unbegrenzt. Ganzjährig geöffnet.
Preis: 12 € inkl. Wasser, Entsorgung, Müll-Entsorgung, Kurtaxe. Strom 0,50 €/ kWh.
Distanz: , 0,2 km, weitere Restaurants in 0,3 km, Ⓗ 0,5 km, 0,5 km.
Gastro: In unmittelbarer Nähe.
Freizeit: Stadtführung, Schiffsrundfahrt, Nordic Walking, Badestelle am Großen Küchensee, Wandern.

POI: Ernst-Barlach-Museum 0,4 km, A. Paul Weber-Museum 0,7 km, Kreismuseum 0,8 km, Ratzeburger Dom 0,9 km.
Anfahrt: In Ratzeburg → Ortsmitte , dann beschildert.
Kontakt: Tourist-Info, ☎ 04541/8000886, tourist-info@ratzeburg.de, www.ratzeburg-tourismus.de
Weitere Stellplätze (siehe auch www.bordatlas.de):
Naturcamping Buchholz, Am Campingplatz 1, 23911 Buchholz bei Ratzeburg, Tel.: 04541/4255, www.naturcampingbuchholz.de

HERRENTEICH, SCHLESWIG-HOLSTEIN

Stadt
Paul-von-Schoenaich-Straße 7
23858 Reinfeld/Holstein
Tel.: 04533/20010
www.reinfeld.de

Fläche (km²): 0,4
Das gibt's: Von Zisterziensermönchen im 12. Jahrhundert für die Fischzucht angelegter Stauteich der Heilsau mit Strandbad
Erlebnis: Baden, Wandern, Radeln, Angeln, Segeln, Surfen, Boot fahren

KNAPP VIER KILOMETER LANGER RUNDWANDERWEG UM DEN HERRENTEICH

Parkplatz Karpfenplatz

An der Matthias-Claudius-Straße
23858 Reinfeld/Holstein
Tel.: 04533/20010
www.reinfeld.de

Nahe Herrenteich, dem großen Stau- und Badesee in Reinfeld

GPS: 53°49'47.42"N/10°29'0.46"E

Platz: = 5 auf Rasengittersteine. =5 (16 A) WC CHEM GRAU. Aufenthalt max. 2 Nächte. Ganzjährig geöffnet. Ausnahme: Bei Veranstaltungen (Ende August/Anfang September sowie Samstag und Sonntag Ende Oktober), Ausweichplätze auf dem Marktplatz oder am Bahnhof.

Preis: Übernachtung gratis. Strom 0,50 €, Wasser 1 €, Entsorgung 1 €, WC 0,50 €.

Distanz: 0,2 km, weitere Restaurants in 0,4 km, 0,4 km, 0,7 km, Ⓗ 0,8 km.

Gastro: Fischhaus (Imbiss und Verkauf von Karpfen). Mehrere Restaurants im Ort.

Freizeit: 0,4 km. Naturbadestelle am Herrenteich 0,4 km, Golfplatz 2,5 km.

POI: Mühlenmuseum im Claudiushof, Heimatmuseum/Backsteinkirche 0,5 km, Hünengrab 1,7 km, Naturschutzgebiet Oberer Herrenteich 2,5 km.

Anfahrt: A1 Ausfahrt Reinfeld → Zentrum/Parkplatz Karpfenplatz.

Kontakt: Stadt Reinfeld, ☎ 04533/20010, info@stadt-reinfeld.de, www.reinfeld.de

SEEBAER SEE, RHÖN

Gemeinde
Marktgasse 106
98617 Rhönblick-Seeba
Tel.: 036943/2300
www.gemeinde-rhoenblick.de

Fläche (km²): <0,1
Das gibt's: Karstsee, beliebtes Naherholungsgebiet
Erlebnis: Baden, Angeln, Wandern, Radeln, Drachenfliegen

Sellplatz am Seebaer See

Herpfer Straße 50
98617 Rhönblick-Seeba
Tel.: 036943/24725
www.gemeinde-rhoenblick.de

Im Biosphärenreservat Rhön, naturnah am Ortsrand, direkt am See

GPS: 50°34'13.51"N/10°18'16.43"E

Platz: P = 4, = 2 auf Schotter, Kiesel. =4 . R Reservierung möglich. Bitte quer zum See parken. Infos per E-Mail/ Whatsapp. Gasflaschentausch im Ort. Ganzjährig geöffnet. Im Winter auf Anfrage.
Preis: 5 €. Strom 0,50 €/ kWh. Platzwart kommt einmal täglich zum Kassieren.
Distanz: Ⓗ 0,5 km, 0,5 km, 2,2 km, 6 km.
Freizeit: Beachvolleyballplatz, Angeln (Tageskarte beim ASV Herpf), Gebaweg, Drachenfliegen, Baden im See auf eigene Gefahr.

POI: Kriegsmuseum 4,3 km, Rhönkulturgarten 5,4 km, Hohe Geba Aussichtspunkt 5,9 km.
Anfahrt: Platz hat keine Hausnummer. Anfahrt über GPS-Daten.
Kontakt: Andreas Morgenstern, ☎ 036943/24725, Mobil: 036943/24725, stellplatz-seeba@gmx.de, www.gemeinde-rhoenblick.de

FORGGENSEE, ALLGÄU

Tourist-Info
Hauptstraße 10
87672 Roßhaupten
Tel.: 08367/364
www.rosshaupten.de

Fläche (km²): 15,2
Das gibt's: Vom Lech durchflossener Stausee, bei Vollstatus vom 1. Juni bis 15. Oktober Möglichkeit zum Wassersport
Erlebnis: Baden, Segeln, Wandern, Radeln

Stellplatz am Campingplatz Seewang

Tiefental 1
87669 Rieden-Roßhaupten am Forggensee
Tel.: 08367/406
www.camping-forggensee.de
Vor dem Campingplatz nahe der B16 und dem Forggensee

GPS: 47°38'35.94"N/10°43'50.07"E

Platz: P = 13 auf Schotter. =13 (16 A) WC CHEM GRAU . Anfahrt 6:00-23:00 Uhr, Anmeldung an der Rezeption. Ganzjährig geöffnet.
Preis: Ab 23,50 € inkl. Wasser, Entsorgung, Dusche, WC, Müll-Ents. Strom 1,50 € und 0,60 €/kWh, Kurtaxe 1,20 €, Kurtaxe (6-12 J.) 0,60 €. Hund 3 €, Umweltpauschale 0,50 €, Waschmaschine/Trockner je 3 €. 22.5.-5.9. 26,10 €, 2.1.-22.5. und 6.9.-31.12. 23,50 €. Jede weitere Pers. 7-7,80 €, Kind (6-15 J.) 4,50-5,80 €, Kind (2-5 J.) 3-4 €.

Distanz: 0 km, Ⓗ 0,1 km, 1 km, 1 km.
Gastro: Gastro mit warmer Küche am Platz.
Freizeit: 10 km, 15 km, 1 km. Segeln, Ruderbootverleih 0,2 km, Kurpark und Minigolf 1 km.
POI: Forggensee 0,2 km, Hohes Schloss Füssen 10 km, Schloss Neuschwanstein 14 km.
Anfahrt: B16 Marktoberdorf-Füssen, 1,5 km hinter Roßhaupten rechts abbiegen.
Kontakt: Familie Rauch, ☎ 08367/406, info@camping-forggensee.de, www.camping-forggensee.de
Weitere Stellplätze siehe www.bordatlas.de

ALFSEE, OSNABRÜCKER LAND

Tourist-Info
Bierstraße 22-23
49074 Osnabrück
Tel.: 0541/3232202
www.osnabruecker-land.de

Fläche (km²): 2,2
Das gibt's: Stausee mit großem touristischem Angebot bei Rieste, Vogelschutzgebiet
Erlebnis: Baden, Vogelbeobachtungspunkt, Angeln, Wandern, Radeln

Reisemobilhafen am Alfsee Center

Am Campingpark 10
49597 Rieste
Tel.: 05464/92120
www.alfsee.de

Übernachtungsplätze im Ferien- und Erlebnispark am Ostufer des Alfsee

GPS: 52°29'7.95"N/7°59'25.92"E

Platz: = 30 auf Rasengittersteine, Schotter. =30 (16 A) CHEM GRAU . Spül-/Waschmaschine, E-Bike-Verleih. Aufenthalt max. 3 Nächte, Nutzung d. Ferien- u. Erlebnispark-Angebote. Weitere Stellplätze auf dem Camping (Campingpreise). Ganzjährig geöffnet.
Preis: 18 € inkl. Wasser, Entsorgung, Dusche, Müll-Entsorgung, WLAN, WC. Strom 0,50 €/ kWh.
Distanz: Ⓗ , 0 km, 0 km, 1 km.
Gastro: Hotel/Restaurant/Café Piazza, Imbiss.
Freizeit: 8 km. Badesee mit Sandstrand 0,3 km, Hochseilgarten, Saunaland, Kletterwand, Kartbahn, Sport-Arena, Veranstaltungskalender, Wasserskianlage, Streichelzoo 0,3 km, Erlebnisland Irrgarten 0,3 km, Indoor-Fun-Center 0,5 km.
POI: Garten-Traum-Tour, Wallfahrtskirche Lage 2 km.
Anfahrt: A1 Ausfahrt Neuenkirchen/Vörden, beschildert.
Kontakt: Alfsee Ferien- und Erlebnispark, ☎ 05464/92120, info@alfsee.de, www.alfsee.de

Weitere Stellplätze (siehe auch www.bordatlas.de):
Stellplatz am Alfsee, Bootshafenstr. 4, 49597 Rieste, Tel.: 01520/8963819, www.wohnmobilstellplaetze-alfsee.de

BLEILOCHTALSPERRE, SAALE

Tourist-Info
Markt 1
07929 Saalburg-Ebersdorf
Tel.: 036647/29080
www.saalburg-ebersdorf.de

Fläche (km²): 9,2
Das gibt's: Talsperre, welche die Saale aufstaut, beliebtes Naherholungsgebiet
Erlebnis: Baden, Boot fahren, Angeln, Wandern, Radeln, Vögel beobachten

Saalburg Beach

Wetteraweg 2
07929 Saalburg-Ebersdorf
Tel.: 0152/38443984
www.saalburgbeach.de

An der Bleilochtalsperre, der größten Talsperre Deutschlands

GPS: 50°30'29.08"N/11°43'19.09"E

Platz: P Wohnmobil/PKW+Wohnwagen = 300 auf Wiese, Naturboden. Hund, Strom, Wasser, WC, CHEM, GRAU, WLAN, Liegestuhl. R wird empfohlen. Anmeldung Montag-Sonntag 10:00-19:00 Uhr. Abreise bis spätestens 12:00 Uhr. Geöffnet: 30.4.-31.10.

Preis: 20 € inkl. Entsorgung, WLAN. Strom 5 €/Tag, Wasser 2 €, WC 5 €, Kurtaxe 1 €, Kurtaxe (ab 12 J.) 0,50 €. Zusätzlicher PKW bei Wohnwagen-Gespannen 5 €, Motorrad 2 €.

Distanz: 0 km, 2 km, 7 km.

Gastro: Warme Küche 12:00-20:00 Uhr.

Freizeit: Beachvolleyballfeld, Kajak-, Treetboot- und SUP-Verleih am Platz, Schifffahrten auf der Bleilochtalsperre 0,2 km, Badestrand 0,3 km.

POI: Märchenwald Saalburg 2 km, Schloss Burgk 11 km.

Anfahrt: Über die A9, 15 Minuten von der Abfahrt Schleiz.

Kontakt: Saalburg Beach GmbH, ☎ 0152/38443984, info@saalburg-beach.de, www.saalburgbeach.de

SANDER SEE, FRIESLAND

Tourist-Info
Hauptstraße 79
26452 Sande
Tel.: 04422/95880
www.sande.de

Fläche (km²): 0,3
Das gibt's: See mit Sandstrand, Fuß- und Volleyballfeldern
Erlebnis: Baden (DLRG), Angeln, Wandern, Radeln

Wohnmobilstellplatz Altmarienhausen

Altmarienhausen
26452 Sande
Tel.: 04422/95880
www.sande.de

An der Paddel- und Pedalstation am Ems-Jade-Kanal

GPS: 53°30'41.90"N/8°0'40.19"E

Platz: P = 20 auf Schotter. WC CHEM GRAU. Aufenthalt max. 7 Tage, Gasflaschentausch (Freizeitmobile von der Kammer, Huntestraße 1, 26452 Sande). Ganzjährig geöffnet.
Preis: 8 € inkl. Entsorgung, Müll-Entsorgung. Strom 0,50 €/kWh, Wasser 0,10 €/10 l. Dusche/WC saisonal nutzbar bei der benachbarten Paddel- und Pedalstation (kostenpflichtig). Bezahlung am Kassenautomaten.
Distanz: H 0,5 km, 0,6 km, 1,5 km, 1,5 km.
Gastro: Kiosk am Platz.
Freizeit: 10 km, 6 km. Angeln, Paddeltour, Freizeitanlage Sander See/Naturbadesee 0,5 km.
POI: Gut Altmarienhausen (direkt vor Ort), Küsteum 0,5 km, Schmiedemuseum 0,5 km, St. Magnus-Kirche von 1351 in 1 km.
Anfahrt: A29 Ausfahrt 6 Sande, rechts → Sande, im Ort der Beschilderung folgen.
Kontakt: Gemeinde Sande, ☎ 04422/95880, tourismus@sande.de, www.sande.de

SCHALKENMEHRENER MAAR, EIFEL

Tourist-Info
Maarstraße 2
54552 Schalkenmehren
Tel.: 06592/173939
www.schalkenmehren-eifel.de

Fläche (km²): 2,3
Das gibt's: Ältestes der drei Dauner Maare, vulkanischer Ursprung, Naturfreibad im östlichen Teil
Erlebnis: Baden, Wandern

Wohnmobilpark Vulkaneifel

Wohnmobilplatz S
54552 Schalkenmehren
Tel.: 01767/2853544
www.wohnmobilpark-vulkaneifel.de

In der Eifel, unweit des Dorfes Schalkenmehren, am Maare-Mosel-Radweg

GPS: 50°10'10.08"N/6°52'16.65"E

Platz: = 34 auf Wiese, Pflaster, Schotterrasen. WC CHEM GRAU. Anfahrt 24 h. Anmeldung über Kennzeichen am Terminal. WC/Dusche, Strom und Wasser über Zugangskarte. Ganzjährig geöffnet.
Preis: 12 € inkl. Entsorgung, WC, WLAN, Hund. Jede weitere Pers. 2 €, Kind (bis 14 J.) gratis, Strom 0,60 €/ kWh, Wasser 1 €/100 l, Dusche 2 €/8 min, jeder weitere Hund 2 €. Nur Kartenzahlung.
Distanz: 0,8 km, 1 km, 1 km, Ⓗ 1 km.
Gastro: Brötchenservice. Gasthof Schmitz, Hotel Michels, Schneider am Maar in Schalkenmehren.
Freizeit: 1 km, 5 km. Wanderwege /Mountainbike-Routen, Dauner Maare, Badesee Schalkenmehrener Maar 0,8 km, Weinfelder Maar 1,5 km, Badesee Gemündener Maar 6,4 km.
Anfahrt: A1/A48 Abfahrt Mehren → Mehren. Im Ort links nach Schalkenmehren. Nach 1 km auf der rechten Seite.
Kontakt: Heike Butzen, ☎ 01767/2853544, info@wohnmobilpark-vulkaneifel.de, www.wohnmobilpark-vulkaneifel.de

TALSPERRE RATSCHER, HENNEBERGER LAND

Tourist-Info
Markt 6
98553 Schleusingen
Tel.: 036841/34717
www.schleusingen.de

Fläche (km²): 0,9
Das gibt's: Talsperre im Landkreis Hildburghausen, Thüringen, touristisch gut erschlossen, auch Bergsee Ratscher genannt
Erlebnis: Baden, Angeln, Wandern, Radeln

INSEL IN DER MITTE, JEDES JAHR COUNTRY- UND ROCKFESTIVAL

Bergsee Ratscher

Am Bergsee 40
98553 Schleusingen
Tel.: 036841/40015
www.bergseeratscher.de

Am Stausee

GPS: 50°29'34.02"N/10°47'28.33"E

Platz: = 40 auf Wiese, Schotter. =20 (10 A). Anfahrt ab 8:00 Uhr. Geöffnet: Mitte April-Mitte Oktober. Ausnahme: Country-Festival letztes Juli-Wochenende (Termin siehe Webseite) nur mit Eintrittskarte.
Preis: 22 € inkl. Wasser, WC, Müll-Entsorgung, Bade-Eintritt. Jede weitere Pers. 6 €, Kind (bis 14 J.) 4 €, Strom 4 €, Dusche 1 €/Pers.
Distanz: , 4 km, 4 km.
Gastro: Imbiss 11:00-19:00 Uhr. Bäcker auf dem Platz.

Freizeit: 15 km. Badesee, Segel- und Surfschule.
POI: Bertholdsburt und Altstadt Schleusingen 3 km.
Anfahrt: A4, ab Erfurter Kreuz A71, A73 Ausfahrt Schleusingen, 2 km → Coburg. Von Westen: B89 bis Schleusingen → Coburg. Von Süden: A73/B4. Von Osten: B281, 281A bis Eisfeld, B4. Am Abzweig Bergsee Ratscher beschildert.
Kontakt: Frank Fischer, ☎ 036841/40015, Mobil: 036841/32229, bergsee@ratscher.de, www.bergseeratscher.de

SCHLUCHSEE, SCHWARZWALD

Tourist-Info
Fischbacher Straße 7
79859 Schluchsee
Tel.: 07652/12060
www.hochschwarzwald.de

Fläche (km²): 5,2
Das gibt's: Stausee und größter See des Schwarzwalds, zwei Badestellen, an der Waldseite FKK
Erlebnis: Baden, Segeln, Tauchen, Angeln, Wandern, Radeln

Stellplatz Schluchsee

Faulenfürster Straße 18
79859 Schluchsee
Tel.: 07656/770
www.gemeinde-schluchsee.de
Oberes Areal eines terrassierten Parkplatzes am Ortsrand

GPS: 47°48'54.62"N/8°10'49.08"E

Platz: = 22 auf Asphalt. WC CHEM GRAU. Bezahlung per Münzautomat, 8 Stellflächen für nur eine Nacht (Anfahrt ab 19:00 Uhr, Abreise bis 9:00 Uhr), 14 Stellplätze längerfristig (An- und Abfahrt zwischen 7:00-22:00 Uhr). Leinenpflicht für Hunde, Aufenthalt max. 2 Wochen. Ganzjährig geöffnet.
Preis: 10 € inkl. Entsorgung., Strom 1 €/8 h, Wasser 1 €/100 l, Kurtaxe 2,70 €, Kurtaxe (6-15 J.) 1 €. Bezahlung Kurtaxe in der Gemeindeverwaltung. Gäste- und Konuskarte inklusive.

Distanz: 0,3 km, 0,6 km, 0,8 km.
Freizeit: 0,5 km, 0,7 km. Baden, Segeln, Surfen, Wintersport, 9-Loch-Golfplatz Hochschwarzwald 7 km, Kletterwald Feldberg und Action Forest 8 km, Rodelbahn Saig-Titisee 9 km.
POI: Schluchsee 0,3 km, Dom St. Blasius 6 km.
Anfahrt: B500 Ausfahrt Schluchsee, von Süden am Ortsanfang, von Norden am Ortsende, Beschilderung beachten.
Kontakt: Gemeinde Schluchsee, ☎ 07656/770, info@schluchsee.de, www.gemeinde-schluchsee.de

FILZTEICH, ERZGEBIRGE

Tourist-Info
Markt 6
08289 Schneeberg
Tel.: 03772/20314
www.schneeberg-erleben.de

Fläche (km²): 0,2
Das gibt's: Erster Stausee in Sachsen, beliebtes Naherholungsgebiet im Erzgebirge mit Schwimmbad und Liegewiesen
Erlebnis: Baden, Tretboot fahren, Rudern, FKK möglich

Strandbad Filzteich

Am Filzteich 3
08289 Schneeberg
Tel.: 03772/35020
www.silberstrom.de

Beim Strandbad der ältesten Talsperre Sachsens

GPS: 50°34'25.12"N/12°36'39.97"E

Platz: = 8 auf Wiese, Schotter, Rasengittersteine. =4 (16 A) . WC im Freibad (Mai-September), VE am Dr.-Curt-Geitner-Bad in 4,2 km. Bei Veranstaltungen eingeschränkt nutzbar. Geöffnet: Mai-September.
Preis: 10 € inkl. Wasser, Kurtaxe. Strom 0,50 €/ kWh. Eintritt Strandbad Filzteich und Saunalandschaft inklusive. Ermäßigung für das Dr. Curt-Geitner-Bad (Hallenbad).
Distanz: Ⓗ 0,2 km, 1 km, weitere Restaurants in 2 km, 4 km, 4 km.

Freizeit: 5 km. Wassersport, Strandbad Filzteich, im Sommer mit vielen Events.
POI: Barocker Stadtkern, erzgebirgisches Heimatmuseum 3,6 km, St. Wolfgangskirche-Lucas Cranach 4 km.
Anfahrt: A72 Ausfahrt Hartenstein → Schneeberg oder B93 bis Schneeberg, auf die B169 → Filzteich.
Kontakt: Stadtwerke Schneeberg, ☎ 03772/35020, kontakt@stw-schneeberg.de, www.silberstrom.de

BANNWALDSEE, ALLGÄU

Tourist-Info
Münchener Straße 2
87645 Schwangau
Tel.: 08362/81980
www.schwangau.de

Fläche (km²): 15,2
Das gibt's: Vom Lech durchflossener Stausee, bei Vollstatus vom 1. Juni bis 15. Oktober Möglichkeit zum Wassersport
Erlebnis: Baden, Segeln, Wandern, Radeln

Wohnmobilpark Schwangau

Münchner Straße 151
87645 Schwangau
Tel.: 08362/93000
www.camping-bannwaldsee.de

Vor dem 4-Sterne-Camping Bannwaldsee, am Südufer des Natursees

GPS: 47°35'30.14"N/10°46'19.60"E

Platz: P = 24 auf Schotterrasen. WC CHEM GRAU. R wird empfohlen. Beleuchtet. HS: Ankunft vor 21:00 Uhr, ZS: vor 20:00 Uhr, NS: vor 18:00 Uhr. Ganzj. geöffnet.
Preis: Ab 18 € inkl. Wasser, Entsorgung, Dusche, WC. Jede weitere Pers. 7 €, Kind (6-15 J.) 5 €, Kind (bis 5 J.) gratis, Strom 4 €, Kurtaxe 1,90 €, Kurtaxe (6-15 J.) 0,95 €, Hund 2,50 €, VE für Durchreisende 5 €. HS 26 €, ZS 22 €, NS 18 €.
Distanz: 0 km, 0 km, weitere Restaurants in 3 km, Mini-Markt am Platz, 3 km.
Gastro: Restaurant/Pizzeria, Brauhaus 3 km.
Freizeit: Baden, Angeln, Ruder-, Tretbootverleih.
POI: Kirchen und Klöster in Füssen und Umgebung 3-4 km, Kristalltherme Schwangau 3 km, Tegelbergbahn 3 km, Schloss Neuschwanstein 4 km.
Anfahrt: A7 Ulm-Kempten-Füssen bis Nesselwang-Lachen. Bei Stau: A7 Ausfahrt Kempten, B12 bis Marktoberdorf, B16 bis Roßhaupten, OAL1 bis Buching, B17 bis Schwangau.
Kontakt: ☎ 08362/93000, info@camping-bannwaldsee.de, www.camping-bannwaldsee.de

SENFTENBERGER SEE, LAUSITZ

Zweckverband Lausitzer Seenland Brandenburg
Buchwalder Straße 52
01968 Senftenberg
Tel.: 03573/800260
www.senftenberger-see.de

KOSCHENER KANAL FÜR WASSERWANDERER

Fläche (km²): 13
Das gibt's: Mitten in der größten, von Menschenhand geschaffenen Wasserlandschaft Europas, dem Lausitzer Seenland, mehrere feine Sandstrände und Liegewiesen
Erlebnis: Baden, Angeln, Tauchen, Boot fahren, Segeln, Wasserrutschen, Bootsverleih, Wasserwandern

Stellplatz Senftenberger See

Straße zur Südsee 1
01968 Senftenberg-Großkoschen
Tel.: 03573/800800
www.familienpark-see.de

Außenstellplatz beim Familienpark direkt am See mit Sandstrand

GPS: 51°29'28.68"N/14°2'38.30"E

Platz: P / = 5 auf Schotter. =5 (16 A) WC CHEM/Bio GRAU . R wird empfohlen. Nutzung der Campingplatz-Einrichtungen möglich, von April-Oktober ständig wechselndes Programm für Kinder im Spielgarten, 2 WLAN-Hotspots auf dem Gelände. Ganzjährig geöffnet.
Preis: 23 € inkl. Strom, Wasser, Entsorgung, WC, Müll-Entsorgung, Kurtaxe, WLAN. Dusche 0,50 €.
Distanz: , 0,5 km, Ⓗ 1 km, 2 km.

Freizeit: 7 km. Segeln/Segelschule, Surfen, Kanu fahren, geführte Kanutouren, Bootsvermietung, Wasserrutsche und Kinderland, Trampolin und Minigolf, Kinderanimation.
POI: Tierpark/Festung 6 km, Stadthafen 6 km.
Anfahrt: A13 Ausfahrt Ruhland, B169 Ausfahrt Senftenberg-Zentrum, B96 Hoyerswerda/Bautzen.
Kontakt: Hr. Noack, ☎ 03573/800800, familienpark@senftenberger-see.de, www.familienpark-see.de

Weitere Stellplätze siehe www.bordatlas.de

FLEESENSEE, MECKLENBURGISCHE SEENPLATTE

Tourist-Info
Kirchenstraße 11
17213 Malchow
Tel.: 039932/83186
www.inselstadt-malchow.de

Fläche (km²): 10,8
Das gibt's: See in der Mecklenburgischen Seenplatte
Erlebnis: Baden, Angeln, Paddeln, Segeln, Surfen, Wandern, Radeln

Landgasthof Am Fleesensee

Am Park 33
17214 Silz-Nossentin
Tel.: 039927/70394
www.landpension-amfleesensee.de
Stellplatz auf einer großen Wiese hinter dem Landgasthof

GPS: 53°31'8.00"N/12°28'4.00"E

Platz: = 4 auf Wiese. CHEM GRAU . Anfahrt bis 20:00 Uhr. Geöffnet: April-Oktober.
Preis: 10 € inkl. Strom, Wasser, Entsorgung, Müll-Entsorgung.
Distanz: Ⓗ 1 km, 5 km, 5 km.
Gastro: Warme Küche 11:00-20:00 Uhr, Gerichte à la Carte, Frühstück oder Brötchenservice möglich.
Freizeit: 5 km, 15 km, 8 km. Bootfahren, eigener Badestrand und Bootssteg.

POI: Affenwald, Sommerrodelbahn 5 km, Teerofen 5 km, Müritz-Nationalpark 20 km.
Anfahrt: A19 Ausfahrt Malchow → Malchin, über Silz nach Nossentin, der Beschilderung zum Landgasthof Am Fleesensee folgen.
Kontakt: Gisela Presch, 039927/70394, info@landpension-amfleesensee.de, www.landpension-amfleesensee.de

RURSEE, EIFEL

Rursee-Touristik
Seeufer 3
52152 Simmerath
Tel.: 02473/93770
www.rursee.de

Fläche (km²): 7,8
Das gibt's: Talsperre im Norden der Eifel zwischen Aachen und Düren, Badestellen: Naturerlebnisbad Einruhr, Badestrand Eschauel, Naturfreibad Eiserbach, Badestelle in Woffelsbach
Erlebnis: Baden, Angeln, Segeln, Rudern, Kanu und Tretboot fahren, Wandern, Radeln

Wohnmobilstellplatz Rurberg

Seeufer
52152 Simmerath-Rurberg
Tel.: 02473/93770
www.monschauerland.de

Direkt am Rurseezentrum

GPS: 50°36'24.97"N/6°22'56.46"E

Platz: = 21 auf Rasengittersteine. CHEM GRAU . Im Winter keine VE. Im Badebereich keine Hunde erlaubt, am Stellplatz Leinenpflicht. Ganzjährig geöffnet.
Preis: 15 € inkl. Entsorgung, Müll-Entsorgung. Strom 1 €/kWh, Wasser 2 €. Bezahlung in Münzen oder EC-Karte.
Distanz: , Ⓗ 0,3 km, 3 km, 7 km.
Gastro: Lupos Bistro am Badesee, Brötchenservice.
Freizeit: 0,2 km, 7 km, 0,5 km. Naturfreibad am Eiserbachsee mit Sandstrand (DLRG-bewacht in den Sommerferien NRW und am WE Mai-August) 0,3 km, Woffelsbacher Bucht 4,5 km, Naturerlebnisbad Einruhr 5 km.
POI: Nationalpark Eifel, Rursee, Urftstaumauer 4 km, Wollseifen 7 km, Monschau 15 km.
Anfahrt: Köln, Bonn, Euskirchen: A1, B266 Abzweig Rurberg Aachen. Düren: B258, B399 Simmerath/Kestemich, B266.
Kontakt: Rursee Touristik, ☎ 02473/93770, info@rursee.de, www.monschauerland.de

■ SÜDENSEE, ANGELN

Tourist-Info
Bahnhofstraße 2
24966 Sörup
Tel.: 04635/127
www.touristik-soerup.de

Fläche (km²): 0,6
Das gibt's: See mit Biotopen, liegt neben Winderatter See
Erlebnis: Baden, Angeln, Wandern, Radeln

Badeanlage am Südensee

Seeblick
24966 Sörup
Tel.: 04635/29600
www.soerup.de

Mitten in Angeln, zwischen Flensburger Förde und Schlei

GPS: 54°42'39.11"N/9°39'52.65"E

Platz: P Wohnmobil/Pkw+Wohnwagen = 5 auf Sand/Splitt. Hund Strom=5 (10 A) Wasser WC CHEM GRAU Liegestuhl Spielplatz. Platzwart kassiert. WC in der Badeanlage während der Saison, Hundeverbot am Strand. Geöffnet: 1.4.-31.10.

Preis: 10 € inkl. Strom, Entsorgung, Kurtaxe.

Distanz: Restaurant, weitere Restaurants in 0,5 km, Einkauf 0,5 km, Bäcker 0,5 km, Ⓗ 0,5 km.

Gastro: Kiosk am Platz.

Freizeit: See 6 km, Meer 12 km. Angeln am Südensee/Winderatter See, Badesee, Naturpfad am Winderatter See 4 km, Ostsee mit Badestränden 15 km.

POI: Söruper St. Marien-Kirche und Ehrenfriedhof 0,5 km, Pomarium Anglicum (Obstmuseum) Winderatt 4 km, Schwensbyer Mühle 5 km.

Anfahrt: A7 Ausfahrt Tarp, L292 nach Sörup, im Ort den Hinweisschildern folgen.

Kontakt: Gemeinde Sörup, ☎ 04635/29600, info@amt-mittelangeln.de, www.soerup.de

IGELSBACHSEE, MITTELFRANKEN

Tourist-Info
Hauptstraße 31
91720 Absberg
Tel.: 09175/1710
www.absberg.de

Fläche (km²): 0,9
Das gibt's: Seitenarm des Brombachsees, nordwestlicher Teil steht unter Naturschutz
Erlebnis: Baden, Wandern, Radeln, Angeln, Segeln, Surfen, Boot fahren

Wohnmobilstellplatz Panorama

Am Igelsbachsee 1
91174 Spalt-Enderndorf am See
Tel.: 09837/328
www.wohnmobilstellplatz-brombachsee.de

Terrassenförmig angelegter, eingezäunter Platz an einem Südhang

GPS: 49°9'0.80"N/10°54'32.00"E

Platz: = 60 auf Schotterrasen. =60 (16 A) CHEM GRAU . VE in 0,2 km. Geöffnet: Ostern-Anfang November (siehe Webseite oder Facebook).

Preis: 10 € inkl. Entsorgung, Müll-Entsorgung, Kurtaxe. Strom 0,56 €/ kWh, Wasser 0,20 €/50 l. Bezahlung am Automaten (Münzen), zu den Betriebszeiten oder per ausliegendem Kuvert.

Distanz: 0,2 km, 0,5 km, weitere Restaurants in 1,5 km, 0,9 km, 1,5 km.

Gastro: Brötchenservice auf Bestellung.

Freizeit: 8 km, 10 km, 0,5 km. Abenteuerwald, Wassersport, Nordic Walking, Angeln, Freizeit- und Erlebnispark, Barfußpfad, Bootsverleih 0,4 km, Anlegestelle 0,5 km, Badeufer 0,5 km, Segelhafen 0,6 km, Modellflugplatz 1 km, Bierseminar in Spalt 2 km.

Anfahrt: Von Spalt → Enderndorf, am Kreisverkehr geradeaus, nach 500 m rechts abbiegen.

Kontakt: Familie Müller, ☎ 09837/328, kontakt@wohnmobilstellplatz-brombachsee.de, www.wohnmobilstellplatz-brombachsee.de

RIEGSEE, OBERBAYERN

Gemeinde Riegsee
Dorfstraße 35
82418 Riegsee
Tel.: 08841/3985
www.riegsee.de

Fläche (km²): 2
Das gibt's: Gehört zu den Tourismusgebieten Blaues Land und Zugspitz-Region, Blick auf die Alpen
Erlebnis: Baden, Angeln, Paddeln, Rudern, Kanu und Tretboot fahren, Segeln, Surfen

Camping Brugger am Riegsee

Seestraße 2
82447 Spatzenhausen-Hofheim
Tel.: 08847/728
www.camping-brugger.de

Am Riegseeufer mit großem Badestrand und Bergblick

GPS: 47°42'24.17"N/11°13'4.88"E

Platz: = 30, = 60 auf Naturboden, Wiese, Schotterrasen. =35 (16 A) WC CHEM GRAU . Terrassiert/parzelliert. 1 Hund pro Anreise, keine Kampfhunde erwünscht. Geöffnet: April-November.

Preis: Ab 16,95 € inkl. Entsorgung, Müll-Entsorgung, WLAN. Strom 3,20 €, Wasser 1 €/80 l, Dusche 1 €/6 min, Kurtaxe 0,50 €, Hund 4,50 €. VS/NS ab 16,95 €, HS ab 24,95 €. Ab 7,50 m mit Aufschlag.

Distanz: 0 km, Ⓗ 0,8 km, 0,8 km.

Gastro: Campinggaststätte/Camping-Café, warme Küche 11:00-21:00 Uhr, Kiosk April-Oktober.

Freizeit: 3 km. Stand-up-Paddeln, Angeln mit Angelschein, Tretbootverleih, Bibliothek mit Fernseh-Ecke, Badestrand, Kinderclub, Spielecke.

POI: Froschhauser See 3 km, Murnau 3 km, Staffelsee 5 km.

Anfahrt: A95 Ausfahrt Sindelsdorf, B472 nach Habach, Abzweig links nach Hofheim, beschildert.

Kontakt: Camping Brugger am Riegsee, ☎ 08847/728, office@camping-brugger.de, www.camping-brugger.de

STEINBERGER SEE, OBERPFÄLZER SEENLAND

Rathaus
Marktplatz 1
92442 Wackersdorf
Tel.: 09431/74360
www.vg-wackersdorf.de

Fläche (km²): 1,8
Das gibt's: See des Oberpfälzer Seenlandes und größter See der Oberpfalz mit großem Freizeitangebot
Erlebnis: Baden, Tauchen, Angeln, Segeln, Adventure-Golf, Riesenrutsche

WASSERSKILIFT

Wohnmobilstellplatz Freizeitpark Movin' Ground

Am Steinberger See 6
92449 Steinberg am See
Tel.: 09431/759242
www.movinground-freizeitpark.de

Im Oberpfälzer Seenland, vor dem Freizeitpark mit Seezugang

GPS: 49°16'54.07"N/12°10'23.85"E

Platz: P / = 41 auf Schotter, Schotterrasen. WC CHEM GRAU . Anfahrt bis 22:00 Uhr. Geöffnet: April-Oktober.
Preis: 15 € inkl. Entsorgung. Strom 2 €, Wasser 2 €/100 l. Ab der 3. Person 2,50 € Aufpreis.
Distanz: 1 km, 0 km, weitere Restaurants in 1 km Entfernung, 1,5 km, Ⓗ 1,5 km.
Gastro: Brötchenservice, Kiosk mit Biergarten.
Freizeit: Baden/Wassersport im Steinberger See, Freizeitpark Moving'Ground.

POI: Oberpflälzer Seenland, Schwandorfer Kellerlabyrinth 10 km.
Anfahrt: B85 Ausfahrt Wackersdorf, dann Industriestraße → Steinberger See folgen, vor Steinberger See, links abbiegen.
Kontakt: Movin'Ground, Dietrich Schmidt, ☎ 09431/759242, dietrichschmidt@hotmail.com, www.movinground-freizeitpark.de

GROSSES MEER, OSTFRIESLAND

Tourist-Info
Am Gästehafen 1
26624 Südbrookmerland
Tel.: 04942/20472000
www.grossesmeer.de

Fläche (km²): 2,9
Das gibt's: Niedermoorsee zwischen Aurich und Emden, beliebtes Freizeitgebiet
Erlebnis: Baden, Angeln, Wandern, Radeln

Wohnmobilhafen Großes Meer

Am Gästehafen 1
26624 Südbrookmerland
Tel.: 04942/20472028
www.grossesmeer.de

Am Großen Meer, im Nordwesten Niedersachsens zwischen Aurich und Emden

GPS: 53°26'41.17"N/7°18'28.26"E

Platz: = 36 auf Pflaster. =36 (16 A) WC CHEM GRAU . Bargeldloser Parkscheinautomat. Ganzjährig geöffnet.
Preis: 15 € inkl. WC, Müll-Entsorgung, Kurtaxe. Strom 1 €/2 kWh, Wasser 0,50 €/100 l, Entsorgung 0,50 €, Dusche 1,50 €, Trockner/Waschmaschine ab 2 €.
Distanz: 0,2 km, 1 km, 2,7 km, 9 km.
Gastro: Landhaus Großes Meer, Meerwarthaus Großes Meer und Pizzeria Al Mare, Bistro.
Freizeit: 15 km, 15 km, 0,2 km. Badesee, Sauna, Ferienangebote für Kinder, Paddel- und Pedalstation 0,2 km.
POI: Gedenkstätte KZ Engerhafe, Mühle Wiegboldsbur 4,5 km, Schiefster Turm der Welt in Suurhusen 9,5 km, Moormuseum Moordorf 10 km, Dörpmuseum Münkeboe 12 km.
Anfahrt: A31 Ausfahrt 3 Emden-Mitte, weiter über die B210 → Südbrookmerland (Aurich/Norden).
Kontakt: Südbrookmerland Touristik, Kathie Salone, Tel.: 04942/20472028, campingplatz@grossesmeer.de, www.grossesmeer.de

SULINGER STADTSEE, NIEDERSACHSEN

Rathaus
Galtener Straße 12
27232 Sulingen
Tel.: 04271/8844
www.sulingen.de

Fläche (km²): 0,6
Das gibt's: Baggersee in der Stadt Sulingen mit Liegewiesen und Badeinsel
Erlebnis: Baden, Wandern, Radeln

Stellplatz am Stadtsee

Kornstraße
27232 Sulingen
Tel.: 04271/880
www.sulingen.de

Öffentlicher Parkplatz am Sulinger Stadtsee

GPS: 52°40'34.93"N/8°48'3.54"E

Platz: = 20 auf Pflaster. =4 CHEM GRAU. Im Sommer stark frequentiert durch Badegäste. WC im Café am Stadtsee auf der anderen Seeseite. Ganzjährig geöffnet.
Preis: Übernachtung gratis inkl. Entsorgung. Strom 0,50 €/ kWh, Wasser 1 €/100 l.
Distanz: 0,6 km, 0,6 km, 0,6 km, Ⓗ 1 km.
Freizeit: 0,3 km, 1 km, 1 km. Stadtführungen, Betriebsbesichtigung, Badesee im Naherholungsgebiet Stadtsee 0,3 km, geführte Radtouren 1 km, Sportpark 2 km.

POI: Kunst im Straßenraum, Heimatmuseum am Stadtsee 0,7 km, Altstadt mit Fachwerk 1 km.
Anfahrt: B61 aus Uchte, nach der Überführung der B214 in → Stadtzentrum, nach der Bahnunterführung 2. Straße links, Kornstraße.
Kontakt: Stadt Sulingen, ☎ 04271/880, stadt@sulingen.de, www.sulingen.de

SORPESEE, SAUERLAND

Stadtmarketing
Rathausplatz 7
59846 Sundern
Tel.: 02933/979590
www.sundern-sorpesee.de

Fläche (km²): 3,3
Das gibt's: Tiefste Talsperre im Hochsauerland, mit Strandbad
Erlebnis: Baden, Tauchen, Rudern, Segeln, Surfen, Beachvolleyball, Angeln, Wandern, Klettern, Radeln

PERSONENFAHRGAST-SCHIFF SORPESEE

Stellplatz Campen am Damm

Am Amecker Damm 2
59846 Sundern-Amecke/Sauerland
Tel.: 0171/8636584
www.sorpesee.de

Direkt am Ufer des Vorbeckens des Sorpesees

GPS: 51°18'26.41"N/7°56'29.50"E

Platz: = 40 auf Schotterrasen. WC CHEM GRAU. Anreisezeiten täglich von 10:00-12:00 Uhr und 15:00-18:00 Uhr. Ganzjährig geöffnet.
Preis: Ab 17 € inkl. Strom, Wasser, Entsorgung, WLAN. Hund 4 €. 17-25 € je nach Saison. Jede weitere Pers. (ab 15 J.) 9 €/5 €, Kind (4-14 J.) 6 €/4 €.
Distanz: 0 km, 1,3 km.
Gastro: Restaurant Airnah, Heimathafen.

Freizeit: Airlebnisweg Amecke, Tretbootverleih, Badesee.
Kontakt: Sorpesee GmbH, Herr Ashölter, Mobil: 0171/8636584, camping-am-damm@sorpesee.de, www.sorpesee.de

Weitere Stellplätze (siehe auch www.bordatlas.de):
Zeltplatz 3-Nordic-Familienpark Sorpesee im Ortsteil Langscheid, Am Sorpesee 193, Tel.: 0175/4397062, wwww.sorpesee.de

RANZIGER SEE, SPREEWALD

Gemeinde
Beeskower Chaussee 70
15848 Tauche
Tel.: 033675/6090
www.gemeinde-tauche.de

Fläche (km²): 0,3
Das gibt's: Natursee im Dorf Tauche-Ranzig, Spreeregion, Badestelle mit Sandstrand
Erlebnis: Baden, Wandern, Radeln, Angeln, Boot fahren

Märkisches Seecamp

Ranziger Hauptstraße 21 a
15848 Tauche-Ranzig
Tel.: 033675/59033
www.maerkisches-seecamp.de

Nahe am Ranziger See

GPS: 52°6'49.81"N/14°11'22.74"E

Platz: = 6 auf Asphalt. =4 (10 A) WC CHEM GRAU . Anmeldung von 8:00-12:00 und 15:00-18:00 Uhr, Anfahrt 24 h. Weitere Stellplätze auf dem Camping zu den Campingpreisen. Geöffnet: 1.4.-31.10.
Preis: 10 € inkl. Wasser, Müll-Entsorgung. Entsorgung 2 €, Dusche 1 €/Pers., WC 0,50 €, Kurtaxe 6 €, WLAN 4 €/ h, Hund 3 €. Strom nach Verbrauch.
Distanz: , , Ⓗ 0,3 km, 0,5 km.
Gastro: Imbiss auf dem Campingplatz 0,3 km.
Freizeit: Bootfahren, Angeln, Badestrand 0,2 km.

POI: Burg Beskow.
Anfahrt: A10/A12 Berlin → Frankfurt (Oder), Ausfahrt Fürstenwalde Ost, B168 → Beeskow, B87 → Lübben, in Ranzig vor dem Ortsausgang links abbiegen. Von Dresden: A13 Ausfahrt Duben, B87 durch Lübben, weiter → Frankfurt (Oder), von Lübben 20 km bis Ranzig, dort hinter dem Ortseingang rechts abbiegen.
Kontakt: ☎ 033675/59033, info@maerkisches-seecamp.de, www.maerkisches-seecamp.de

MURNER-/BRÜCKELSEE, OBERPFÄLZER SEENLAND

Rathaus
Marktplatz 1
92442 Wackersdorf
Tel.: 09341/74360
www.vg-wackersdorf.de

Fläche (km²): 0,1
Das gibt's: See des Oberpfälzer Seenlandes mit großem Freizeitangebot und Liegewiese
Erlebnis: Baden, Tauchen, Wandern, Radeln

Wohnmobilpark Oberpfälzer Seenland

Sonnenriederstraße 1
92442 Wackersdorf
Tel.: 09431/385797
www.campingpark-murnersee.de
Direkt am Damm, zwischen Murner See und Brückelsee

GPS: 49°20'38.96"N/12°12'31.29"E

Platz: P = 80 auf Wiese. WC CHEM GRAU. Stellplatz besteht aus zwei Teilen: Brückelsee-Seite mit Strom, Murner-See-Seite ohne Strom. WC/VE/Waschmaschine/Trockner auf dem Camping. Weitere Stellplätze auf dem Camping zu den Campingpreisen. Anmeldung an der Rezeption. Geöffnet: April-Oktober.
Preis: 15 € inkl. Wasser. Strom 3 €, Entsorgung 2 €, WC 5 €, Waschmaschine/Trockner je 3 €.
Distanz: 0,4 km, 3 km, 5 km.
Gastro: Bistro, Restaurant, Kiosk.
Freizeit: 6 km, 20 km. Wassersport.
POI: Oberpfälzer Seenland.
Anfahrt: Ab Wackersdorf der Beschilderung Murner See zum Campingpark folgen.
Kontakt: 09431/385797, info@see-camping.de, www.wohnmobilpark-oberpfaelzer-seenland.de

Weitere Stellplätze (siehe auch www.bordatlas.de):
Wohnmobilstellplatz Wackersdorf, Industriestraße, Tel.: 09431/74360, www.vg-wackersdorf.de

WALDER BADEWEIHER, OSTALLGÄU

Tourist-Info
Nesselwanger Straße 4
87616 Wald im Allgäu
Tel.: 08302/473
www.wald-allgaeu.de

Fläche (km²): 0,3
Das gibt's: Naturbadesee mit Bergpanorama, große Liegewiese, Kiosk mit sanitären Anlagen, langem Holzsteg und Holzinsel
Erlebnis: Baden, Wandern, Radeln

Reisemobilplatz am Walder Badeweiher

Am Sportplatz
87616 Wald/Ostallgäu
Tel.: 08302/473
www.wald-allgaeu.de
Nähe Badeweiher/Sportanlagen

GPS: 47°43'23.13"N/10°33'46.18"E

Platz: = 10 auf Schotter. CHEM. Grauwasserentsorgung am Feuerwehrhaus/Bauhof (0,2 km). Ganzjährig geöffnet. Im Winter eingeschränkte Nutzung, da nicht kompletter Platz räumbar.
Preis: 10 € inkl. Wasser, Entsorgung.
Distanz: 0,5 km, 0,5 km, 0,6 km, 0,7 km.
Freizeit: 8 km, 0,5 km. Angeln, Badeweiher mit Beachvolleyball 0,2 km, Minigolf 9 km, Alpspitzbahn mit Sommerrodelbahn 14 km.
POI: Hängebrücke über die Wertach 5 km, Schlösser Neuschwanstein und Hohenschwangau 25 km.
Anfahrt: A7 Ausfahrt 138 → Marktoberdorf oder B12 Ausfahrt Marktoberdorf, auf OAL23 → Nesselwang.
Kontakt: Gemeindeverwaltung Wald, ☎ 08302/473, info@wald-allgaeu.de, www.wald-allgaeu.de

EDERSEE, NATIONALPARK KELLERWALD-EDERSEE

Nationalparkzentrum
Laustraße 8
34537 Bad Wildungen
Tel.: 05621/90400
www.nationalpark-kellerwald-edersee.de

Fläche (km²): 11,8
Das gibt's: Flächenmäßig zweit- und vom Volumen her drittgrößter Stausee Deutschlands, nahe der hessischen Stadt Waldeck
Erlebnis: Liegewiese Asel Süd, Bringhäuser Badebucht (Südufer), Rehbachstrand (Südufer, DLRG bewacht, familienfreundlich, Personenfähre zur Halbinsel Scheid), Liegewiese Scheid (Ostufer), Strandbad Waldeck-West (Nordufer, DLRG), Tauchen, Segeln, Rudern, Angeln, Bootsverleih, Wandern, Windsurfing und Surfschule

Reisemobilstellplatz Seeblick

Güldener Ort 12
34513 Waldeck
Tel.: 05623/973894
www.erlebnis-seeblick.de

Neben dem Hotel Seeblick am Edersee

GPS: 51°12'11.26"N/9°2'58.42"E

Platz: = 9 auf Schotterrasen, Wiese, Schotter, Rasengittersteine. =9 (16 A). Wohnwagenvermietung. Telefonische Anmeldung erforderlich. Ganzjährig geöffnet.
Preis: 12 €. Jede weitere Pers. 2,50 €, Strom 3 €, Müll-Entsorgung 2 €, Hund 1 €.
Distanz: 0 km, 0 km, 1 km, 1 km.
Gastro: Warme Küche 11:00-20:00 Uhr, Frühstück und Brötchenservice.

Freizeit: 1 km. Segeln, Tauchen, Baden.
POI: Schloss Waldeck 1,5 km, Staumauer 3 km, Wildpark 4 km.
Anfahrt: Über Waldeck zum See, erstes Lokal unterhalb der Kabinenseilbahn.
Kontakt: Frank Harbusch, ☎ 05623/973894, ferien@erlebnis-seeblick.de, www.erlebnis-seeblick.de

Weitere Stellplätze (siehe auch www.bordatlas.de):
Wohnmobilpark Edersee-Alm im Ortsteil Scheid, Am Bettenhagen 2, www.wohnmobilpark-edersee-alm.de

CLAUSENSEE, PFÄLZERWALD

Gemeinde
Friedhofstraße 3
67714 Waldfischbach-Burgalben
Tel.: 06333/9250
www.vgwaldfischbach-burgalben.de

Fläche (km²): 0,5
Das gibt's: Stausee mit kleiner Insel im Schwarzbachtal im westlichen Pfälzerwald, gilt als Geheimtipp der Region
Erlebnis: Baden am Strand, Paddeln, Wandern

Campingpark Clausensee

K32
67714 Waldfischbach-Burgalben
Tel.: 06333/5744
www.campingclausensee.de

Vor der Schranke des Campingparks im Naturpark Pfälzerwald

GPS: 49°16'31.60"N/7°43'13.75"E

Platz: = 8 auf Schotterrasen. =8 (16 A) WC CHEM GRAU . Quickstop 19:00-10:00 Uhr. Weitere Stellplätze auf dem Camping zu den Campingpreisen. Ganzjährig geöffnet.
Preis: Ab 18 € inkl. Strom, Wasser, Entsorgung, Dusche, WC, Müll-Entsorgung, Hund. Jeder weitere Hund 5 €. 25.1.-3.4., 9.9.-24.11. 18 €, 4.4.-8.9. 22 €. Jede weitere Pers. 6,50-7 €, Kind 4-4,50 €. WLAN 3 €/3 Tage. Reisemobil-Quickstop inkl. 1 Hund NS 14 €, HS 16 €. Angelkarte 17 €.

Distanz: 0 km, 0 km, 7 km, 7 km.
Gastro: Fischerhaus (Biergarten und Restaurant).
Freizeit: 7 km, 7 km. Badesee. Angeln, Stand-Up-Paddling (Verleih), Tischtennis, Boule.
POI: Burgruine Heidelsburg 5 km.
Anfahrt: A6 Ausfahrt 15 Kaiserslautern-West → Waldfischbach (B270). A62 Ausfahrt Thaleischweiler-Fröschen → B270 Kaiserslautern/Waldfischbach-Burgalben. Ab Waldfischbach beschldert.
Kontakt: ☎ 06333/5744, info@campingclausensee.de, www.campingclausensee.de

TALSPERRE QUITZDORF, OBERLAUSITZ

Tourist-Info
Zinzendorfplstz 8
02906 Niesky
Tel.: 03588/25580
www.niesky.de

Fläche (km²): 7,5
Das gibt's: Größter Stausee in Sachsen, mit Strandbad
Erlebnis: Baden, Wandern, Radeln, Surfen, Segeln, Angeln, Minigolf

Stellplatz an der Kimbucht

Reichendorfer Damm 1
02906 Waldhufen-Jänkendorf
Tel.: 03588/205720
www.urlaubamquitzdorfersee.de

Bei einem Bungalowdorf an der Südseite des Sees, auf der Halbinsel des Schullandheimes

GPS: 51°16'7.26"N/14°47'12.88"E

Platz: = 15, = 10 (< 15 m) auf Wiese, Asphalt. =3 WC CHEM GRAU. Strom mit Kabeltrommel. Rezeption 9:00-19:00 Uhr. Telefonische Voranmeldung bei Anfahrt nach 19:00 Uhr erbeten. Ganzjährig geöffnet.
Preis: 15 € inkl. Strom, Wasser, Entsorgung, Dusche, WC, Müll-Entsorgung, Kurtaxe. Ab der 4. Person 5 €/Pers., 1 Komfortstellplatz inkl. Wasser, Strom für Licht und Kühlschrank 17 €.
Distanz: Ⓗ 2,5 km, 3 km, 4 km, 4 km.

Gastro: Seeschenke im Feriendorf.
Freizeit: 4 km. Badestrand 0,1 km. Wassersport, Angeln, Beachvolleyball, Bootsverleih, Hundeübungsplatz.
Anfahrt: A4 Ausfahrt Nieder Seifesdorf, nach Jänkendorf und weiter → Niesky, an der Straße beschildert.
Kontakt: ☎ 03588/205720, info@urlaubamquitzdorfersee.de, www.urlaubamquitzdorfersee.de
Weitere Stellplätze (siehe auch www.bordatlas.de):
Campingplatz Nordoststrand, Zum Quitzdorfer See 2, 02906 Niesky-See, www.hundeparadies-info.de

MÜRITZ, MECKLENBURGISCHE SEENPLATTE

Tourist-Info
Neuer Markt 21
17192 Waren/Müritz
Tel.: 03991/747790
www.waren-tourismus.de

Fläche (km²): 117
Das gibt's: See der Mecklenburgischen Seenplatte und größter See, der vollständig innerhalb Deutschlands liegt
Erlebnis: Baden, Angeln, Paddeln, Wandern, Radeln

Campingplatz Ecktannen

Fontanestraße 66
17192 Waren/Müritz
Tel.: 03991/668513
www.camping-ecktannen.de

Vor dem Campingplatz an der Müritz im südlichen Stadtgebiet Ecktannen

GPS: 53°29'58.00"N/12°39'49.00"E

Platz: = 17, = 2 auf Schotterrasen, Asphalt, Rasengittersteine. =17 (16A) WC CHEM GRAU . Alle Parzellen über 50 m². Anfahrt HS 8:00-22:00 Uhr, NS 9:00-18:00 Uhr. Leinenpflicht für Hunde. Ganzjährig geöffnet.
Preis: 18 € inkl. Strom, Wasser, Entsorgung, Dusche, WC, Müll-Entsorgung, WLAN. Jede weitere Pers. (ab 14 J.) 5-7 €, Kind (3-14 J.) 3-4 €, Kurtaxe (ab 16 J.) 1,50-2 €.
Distanz: Ⓗ 0,1 km, 0,5 km, 2 km, 3 km.

Gastro: Seebad, Bistro Ecktannen/Minimarkt 0,2 km.
Freizeit: 4 km, 8 km. Minigolf, Bade- und Hundestrand je 0,3 km, Segel-/Surfschule 0,3 km, Kletterwald 4,5 km, Führungen im Müritz Nationalpark 5 km.
POI: Stadthafen 3 km, Altstadt 3,5 km, Müritzeum 4 km, Müritz-Saga/Müritz-Sail (HS) 4 km.
Anfahrt: A19 auf B192 → Waren (Müritz), im Ort vom Schweriner Damm rechts ab, beschildert.
Kontakt: ☎ 03991/668513, info@camping-ecktannen.de, www.camping-ecktannen.de

AICHSTRUTER STAUSEE, WELZHEIMER WALD

Tourist-Info
Kirchplatz 3
73642 Welzheim
Tel.: 07182/800815
www.welzheim.de

Fläche (km²): 0,4
Das gibt's: Stausee im Schwäbisch-Fränkischem Wald mit großzügigen Liegewiesen
Erlebnis: Baden, Grillen, Wandern, Radeln

GRILLSTELLEN RUND UM DEN SEE

Stausee Aichstrut

Abzw. Leinhalde
73642 Welzheim-Aichstrut
Tel.: 07182/800815
www.welzheim.de
Am Rand des Stausees

GPS: 48°54'2.42"N/9°38'18.05"E

Platz: P = 10 auf Schotter, Rasengittersteine. =2 WC CHEM GRAU . Ganzjährig geöffnet.
Preis: 7 €. Wasser 1 €/100 l. Wochenkarte 30 €. Karten am Automaten vor Ort erhältlich.
Distanz: H 1 km, 4,5 km, 4,5 km.
Gastro: Kiosk am Platz in Saison (Mai-Sept.) geöffnet.
Freizeit: 12 km, 6 km. Schwäbische Waldbahn, Limes- und Mühlenwanderweg 0,1 km, Badestelle 0,2 km, Freizeitpark Schwabenpark 3 km, Rudern und Angeln am Ebnisee 6 km.

POI: Archäologischer Park Ostkastell Welzheim und Museum Welzheim 4,5 km, Sternwarte 12 km, Kloster Lorch 18 km.
Anfahrt: Schmale Zufahrtsstraße.
Kontakt: Stadt Welzheim, ☎ 07182/800815, touristinfo@welzheim.de, www.welzheim.de

GAMENSEE, GAMENGRUND

Tourist-Info am Country Camping Berlin
Schmiedeweg 1
16259 Werneuchen-Tiefensee
Tel.: 033398/90514
www.country-camping.de

Fläche (km²): 2,3
Das gibt's: Lang gestreckter See in einer eiszeitlichen Rinne des Landschaftschutzgebiets Gamengrund
Erlebnis: Baden, Angeln, Wandern

Wohnmobilhafen Country Camping Berlin

Schmiedeweg 1
16356 Werneuchen-Tiefensee
Tel.: 033398/90514
www.country-camping.de

Im Landschaftsschutzgebiet der Barnimer Feldmark, nahe Badesee

GPS: 52°40'49.86"N/13°51'1.07"E

Platz: = 64 auf Wiese. WC CHEM GRAU . nur bei Gruppen. Öffnungszeiten Rezeption: 9:00-18:00 Uhr, Anfahrt 24 h. Ganzjährig geöffnet.
Preis: 20 € inkl. Strom, Wasser, Entsorgung, WC, Müll-Entsorgung. Kind (2-14 J.) 1,50 €, jede weitere Pers. 3 €, Dusche 1 €/4 min, Hund 3 €.
Distanz: Ⓗ 0,5 km, 0,5 km, 0,5 km, weitere Restaurants in 5 km, 5 km.
Gastro: Wirtshaus ab 11:30 Uhr geöffnet, warme Küche 11:30-20:00 Uhr, Frühstücks-/Brötchenservice.
Freizeit: 10 km. Reiten, Wellness, Bootsverleih, Fußball, Volleyball, Lagerfeuerabend.
POI: Schiffshebewerk Niederfinow 20 km.
Anfahrt: A10, ab Berliner Ring Ausfahrt Hohenschönhausen → Bad Freienwalde (20 km).
Kontakt: ☎ 033398/90514, info@country-camping.de, www.country-camping.de

GRÜNTENSEE, ALLGÄU

Tourist-Info
Wertacher Straße 11
87466 Oy-Mittelberg
Tel.: 08366/207
www.oy-mittelberg.de

Fläche (km²): 1,2
Das gibt's: Stausee der Wertach mit Blick auf die Allgäuer Alpen
Erlebnis: Baden, Wandern, Radeln

Stellplatz am Buron

Grüntenseestraße 44
87497 Wertach
Tel.: 08365/703536
www.buron-skilifte.de

Beim Buron-Kinderpark am Grüntensee zwischen Nesselwang und Wertach

GPS: 47°36'40.69"N/10°26'54.80"E

Platz: = 36 auf Schotter. =36 (16 A) CHEM GRAU . 30 weitere (gebührenpflichtige) Ausweichparkplätze (belegbar von 18:00 Uhr-10:00 Uhr am nächsten Tag). Einschränkungen im Winter bei Skiliftbetrieb durch Tagesgäste. WC-Benutzung während der Öffnungszeiten der Gaststätte, in der HS 24 h zugänglich. Ganzjährig geöffnet.

Preis: 12 € inkl. Entsorgung, Müll-Entsorgung, Kurtaxe, Sanitär-Nutzung. Strom 0,70 €/ kWh, Wasser 1 €/100 l, VE für Durchreisende 2 €.

Distanz: 0 km, 3,5 km, 3,5 km, 3,5 km.
Gastro: Am Platz, warme Küche 11:00-18:00 Uhr.
Freizeit: 3,5 km, 3,7 km, 3,5 km. Badesee 0,1 km, Angeln, Thermalbad, Langlaufloipen, Buron-Skilifte, Kinderpark Buron (Mai-Oktober).
POI: Wertach 3,5 km, Nesselwang 3,7 km.
Anfahrt: A7, Abfahrt Oy-Mittelberg/Wertach, zwischen Wertach (3,5 km) und Nesselwang (3,7 km).
Kontakt: Sven Stielow, ☎ 08365/703536, info@maxl-gmbh.de, www.buron-skilifte.de

Weitere Stellplätze siehe www.bordatlas.de

GROSSER WEISSER SEE, MECKL. KLEINSEENPLATTE

Tourist-Info
Burg 1
17255 Wesenberg
Tel.: 039833/27567
www.klein-seenplatte.de

Fläche (km²): 0,3
Das gibt's: See in der Mecklenburgischen Seenplatte, Badeanstalt am südlichen Ufer
Erlebnis: Baden, Angeln, Paddeln, Wandern, Radeln, Tauchen

Stellplatz am Weißen See

Am Weißen See 1
17255 Wesenberg
Tel.: 03981/24790
www.haveltourist.de

Beim Naturfreibad am Weißen See

GPS: 53°17'2.81"N/12°56'51.42"E

Platz: = 10 auf Schotter. =12 (12 A) WC CHEM GRAU. Waschmaschine/Trockner, Shop. R wird empfohlen. Geöffnet: 27.3.-31.10.

Preis: Ab 9,80 € inkl. Strom, Entsorgung, WC, Müll-Entsorgung. Dusche 1 €/3 min, WLAN 1,50 €/Tag. Vor der Schranke: 9,80-12,90 € je nach Saison. Weitere Stellplätze auf dem Campingplatz je nach Saison und Größe ab 13,30 € inkl. Strom. Weiterer Service wie Frischwasser, SAT-TV, WLAN gegen Aufpreis. Hund 1,10-4,70 €.

Distanz: , 0,6 km, Ⓗ 1,8 km, 1,8 km.
Gastro: Restaurant am Weißen See.
Freizeit: 25 km. Badesee, Rudern, Oper, Theater, Waldhochseilgarten 6 km.
POI: Müritz-Nationalpark 0,5 km, Burg Wesenberg 2 km, Neustrelitz 15 km, Schloss Mirow 15 km.
Anfahrt: B198 von Mirow, kurz vor Wesenberg ein Waldweg vorbei am kleinen Weißen See zum großen Weißen See.
Kontakt: Haveltourist, ☎ 03981/24790, info@haveltourist.de, www.haveltourist.de

■ WOBLITZSEE, MECKLENBURGER KLEINSEENPLATTE

Tourist-Info
Burg 1
17255 Wesenberg
Tel.: 039833/27567
www.klein-seenplatte.de

Fläche (km²): 5,2
Das gibt's: See in der Mecklenburger Seenplatte
Erlebnis: Baden, Angeln, Paddeln, Wandern, Radeln, Wasserski

Caravanstellplatz und Marina Wesenberg

Ahrensberger Weg 11
17255 Wesenberg
Tel.: 039832/26023
www.wohnmobilstellplaetze-mecklenburg.de

Oberhalb der Hafenanlage an der Oberen-Havel-Wasserstraße

GPS: 53°16'36.00"N/12°59'13.00"E

Platz: P / = 34 auf Wiese, Rasengittersteine. =34 (10 A) WC CHEM GRAU . Rezeption 8:00-18:00 Uhr. Geöffnet: 1.4.-30.9.
Preis: 20 € inkl. Strom, Wasser, Entsorgung, Dusche, WC, Müll-Entsorgung. Jede weitere Pers. 2,50 €, Kind (3-14 J.) 2 €, Kurtaxe 1,20 €, Hund 2 €.
Distanz: , H 0,2 km, 0,5 km, 1,5 km.
Gastro: Brötchen- und Frühstücksservice.
Freizeit: Boots-/Kanuverleih, Woblitzsee 0,5 km.
POI: Burg Wesenberg 0,5 km, Spielzeugmuseum 0,5 km, Fischereimuseum 1,5 km.

Anfahrt: B96, über B198 nach Wesenberg oder A19 Ausfahrt Röbel über B198 nach Wesenberg, dort Abzweig nach Ahrensberg, beschildert.
Kontakt: Anke Tiedt, ☎ 039832/26023, info@marina-wesenberg.de, www.wohnmobilstellplaetze-mecklenburg.de

Weitere Stellplätze (siehe auch www.bordatlas.de):
Kanu-Mühle, Havelmühle 1/Ahrensberger Weg, Tel.: 039832/20350, www.kanu-muehle.de
Wohnmobilpark Havelberge, An den Havelbergen 1, 17237 Userin-Groß Quassow, www.haveltourist.de

DREWENSEE, MECKLENBURGER KLEINSEENPLATTE

Tourist-Info
Burg 1
17255 Wesenberg
Tel.: 039833/27567
www.klein-seenplatte.de

Fläche (km²): 2,6
Das gibt's: See in der Mecklenburger Seenplatte
Erlebnis: Baden, Angeln, Paddeln, Wandern, Radeln

Campingplatz am Drewensee

Kläthnower Straße 1
17255 Wesenberg-Ahrensberg
Tel.: 03981/24790
www.haveltourist.de
Vor dem Camping an der Mecklenburger Seenplatte

GPS: 53°15'45.94"N/13°3'3.86"E

Platz: = 25 auf Wiese, Schotter. =25 (12 A) WC CHEM GRAU . R
Geöffnet: 27.3.-31.10.

Preis: Ab 10,30 € inkl. Strom, Entsorgung, WC, Müll-Entsorgung. Dusche 1 €/3 min, WLAN 1,50 €/ Nacht. Vor der Schranke: 10,30-14,70 € je nach Saison inkl. Strom. Weitere Stellplätze auf dem Camping je nach Saison und Größe ab 13,30 € inkl. Strom. Frischwasser, SAT-TV, WLAN gegen Aufpreis. Hund 1,30-5,30 €.

Distanz: , , weitere in 2 km, 6 km, Ⓗ 6,5 km.

Gastro: Imbiss am Platz, Brötchenservice.

Freizeit: 12 km, 40 km. Wasserwandern mit Kanu und motorgetriebenen Sportbooten, Bootsliegeplätze- und Verleih.

POI: Burg Wesenberg 6 km, Spielzeugmuseum 6 km, Müritz Nationalpark 6 km, Neustrelitz 15 km.

Anfahrt: A19 Ausfahrt Röbel → Wesenberg, am östlichen Ortsrand → Ahrensberg, beschildert.

Kontakt: Haveltourist, ☎ 03981/24790, info@haveltourist.de, www.haveltourist.de

BADESEE KARLSHOF, AMMERLAND

Stadt
Am Markt 2
26655 Westerstede
Tel.: 04488/550
www.westerstede.de

Fläche (km²): <0,1
Das gibt's: Badesee, beliebter Ausflugsort im Sommer
Erlebnis: Baden, Wandern, Radeln

Badesee Karlshof

Bekassinenweg
26655 Westerstede-Ocholt
Tel.: 04488/550
www.westerstede-touristik.de

Parkplatz am Badesee im Natur- und Freizeitpark Karlshof in Ocholt

GPS: 53°11'13.00"N/7°52'15.00"E

Platz: = 5 auf Schotterrasen. Aufenthalt max. 3 Tage. Ganzjährig geöffnet.
Preis: Übernachtung gratis.
Distanz: 1 km, 1 km, 1 km, 2 km.
Freizeit: 10 km, 10 km, 10 km. Moorfahrt mit der Museumseisenbahn samstags von Mai-September, Museumseisenbahn-Haltestelle 1,5 km, Draisinenbahnhof 2 km.
POI: Wassermühle Howiek 0,5 km, Mühlenhof Westerloy 8 km, St. Petri-Kirche Westerstede 10 km, Burgforde-alter Burgplatz 11 km.

Anfahrt: K336 von Bad Zwischenahn nach Apen, in Ocholt links → Barßel, nach 1,5 km links zum Badesee.
Kontakt: Stadt Westerstede, ☎ 04488/550, info@westerstede.de, www.westerstede-touristik.de

BERNSTEINSEE, NIEDERSACHSEN

Tourist-Info
Kirchstraße 1
26215 Wiefelstede
Tel.: 04402/965150
www.wiefelstede-touristik.de

Fläche (km²): 0,1
Das gibt's: Naturbadesee im Ferienpark, Ortsteil Conneforde
Erlebnis: Baden, Wandern, Angeln, Fußballgolf

Ferienpark am Bernsteinsee

Dorfstraße 11
26215 Wiefelstede-Conneforde
Tel.: 04458/91663
www.ferienpark-bernsteinsee.de
Gegenüber dem Eingang vom Campingplatz am Ferienpark

GPS: 53°19'23.00"N/8°3'41.00"E

Platz: P = 40 auf Wiese, Schotter. =20 (10 A) WC CHEM GRAU . Beleuchtet. Weitere Stellplätze auf dem Camping (Campingpreise). Ganzjährig geöffnet.
Preis: 9 € inkl. Entsorgung, Dusche, WC, Müll-Entsorgung, WLAN. Strom 0,60 €/ kWh, Wasser 1 €/100 l, Dusche 0,18 €/ min. Inkl. Mitbenutzung der Einrichtungen der Ferienparkanlage.
Distanz: 0,5 km, Ⓗ 0,5 km, 1 km, 1,5 km.
Gastro: Imbiss ab 11:00 Uhr, Restaurant Chianti, warme Küche 18:00-21:00 Uhr.

Freizeit: 6 km, 8 km. Naturbadesee am Platz, Bogenschießen, Boule, Minigolf-Anlage, Kletterwald, Tontaubenschießen, Beach-Volleyball, Angeln, Moorwanderungen, Wassersport, Tier- und Freizeitpark 10 km, Inselflüge 20 km.
POI: Rhododendronpark 4 km, Vogelpark 14 km.
Anfahrt: A29 Ausfahrt Jaderberg → Spohle, in Spohle rechts ab, nach 1 km auf der rechten Seite.
Kontakt: Anneliese Brumund, ☎ 04458/91663, info@ferienpark-bernsteinsee.de, www.ferienpark-bernsteinsee.de

KLEMPOWSEE, PRIGNITZ

Tourist-Info
Am Markt 3
16868 Wusterhausen/Dosse
Tel.: 033979/87760
www.wusterhausen.de

Fläche (km²): 0,1
Das gibt's: Badesee, Teil der Kyritzer Seenplatte
Erlebnis: Baden, Wandern, Radeln, Angeln

Reisemobilstellplatz Am Klempowsee

Seestraße/Uferweg
16868 Wusterhausen/Dosse
Tel.: 033979/8770
www.wusterhausen.de

Auf einem Parkplatz am See

GPS: 52°54'1.43"N/12°27'35.73"E

Platz: = 4 auf Schotterrasen. nur bei Gruppen. Ganzjährig geöffnet.
Preis: Übernachtung gratis.
Distanz: 0,1 km, 1,5 km.
Gastro: Gastronomie in unmittelbarer Nähe.
Freizeit: Radweg Kleeblatt-Städte-Tour, Kyritzer Seenkette, Jakobsweg Berlin-Bad Wilsnack, Dampferfahrten, Angeln, Seerundweg Untersee (20 km), Strandbad mit Bootsverleih 0,5 km.
POI: Stadt mit hist. Stadtkern, Wegemuseum mit Bibliothek/Galerie, Pfarrkirche St. Peter und Paul.

Anfahrt: Über die B5, Ortseinfahrt Wusterhausen/Dosse, Kyritzer Straße, links vor der Brücke in die Seestraße einbiegen.
Kontakt: Gemeinde Wusterhausen/Dosse, ☎ 033979/8770, tourismusbuero@wusterhausen.de, www.wusterhausen.de

Weitere Stellplätze (siehe auch www.bordatlas.de):
Stellplatz Dossehalle, Zur Dossehalle 6, Tel.: 033979/87760, www.wusterhausen.de

EHMETSKLINGE, ZABERGÄU

Naturpark Stromberg-Heuchelberg
Ehmetsklinge 1
74374 Zaberfeld
Tel.: 07046/884815
www.naturpark-stromberg-heuchelberg.de

Fläche (km²): 0,1
Das gibt's: Einer von drei Stauseen im Landkreis Heilbronn
Erlebnis: Baden, Angeln, Wandern, Radeln

6,5 KILOMETER LANGER SEERUNDWEG, WALD-, BAUM- UND WEINLEHRPFAD

Wohnmobilstellplatz an der Ehmetsklinge

Seestraße
74374 Zaberfeld
Tel.: 07046/96260
www.zaberfeld.de

Nahe dem Stausee, mitten im Naturpark Stromberg-Heuchelberg

GPS: 49°3'21.11"N/8°54'58.11"E

Platz: = 3 auf Schotterrasen, Schotter. CHEM GRAU. Eventuell begrenzte Aufenthaltszeit (telefonische Rücksprache). Ganzjährig geöffnet.
Preis: Übernachtung gratis. Strom 1 €/ kWh, Wasser ab 0,50 €, Entsorgung ab 0,50 €. VE nach Verbrauch in 0,50 €-Münzen an den Stationen.
Distanz: 0,1 km, Ⓗ 0,8 km, 0,8 km, 0,8 km.
Freizeit: Badesee 0,1 km, Erlebnispfad Wasserwelten und Hirschkäferparcours 1 km, Katzenbachsee 2,5 km, Erlebnispark Tripsdrill 15 km.

Anfahrt: In Zaberfeld Beschilderung → Seehotel folgen.
Kontakt: Gemeinde Zaberfeld, ☎ 07046/96260, gemeinde@zaberfeld.de, www.zaberfeld.de

SCHAALSEE, LAUENBURGISCHE SEEN

Schaalsee-Info
Hauptstraße 15
19246 Zarrentin am Schaalsee
Tel.: 038851/333435
www.schaalsee-info.de

Fläche (km²): 24
Das gibt's: UNESCO-Biosphärenreservat auf der Landesgrenze zwischen Schleswig-Holstein und Mecklenburg-Vorpommern, einer der tiefsten deutschen Seen
Erlebnis: Baden, Boot fahren, Wandern, Radeln, Angeln

ESELSWANDERUNGEN UND KRÄUTERFÜHRUNGEN

Wohnmobilstellplatz am Schaalsee

Wolfsschlucht
19246 Zarrentin am Schaalsee
Tel.: 038851/838710
www.zarrentin.de

Auf einem Parkplatz am Ortsrand

GPS: 53°32'45.81"N/10°55'34.23"E

Platz: = 10 auf Schotterrasen. . Ganzjährig geöffnet.
Preis: 10 €. WC 0,50 €. Sanitäranlagen im Badebereich während der Saison gegen Eintritt.
Distanz: 0,1 km, weitere Restaurants in 0,5 km, 0,9 km, 1 km.
Gastro: Seepavillon 0,5 km, Schaalseefischerei 0,5 km, Schaalsee-Klause im Badebereich 0,1 km.
Freizeit: Strandbad Zarrentin 0,1 km, Tretboot-/Ruderbootverleih 0,5 km.

POI: UNESCO Biosphärenreservat Schaalsee, Kloster Zarrentin 1,2 km.
Kontakt: ☎ 038851/838710, info@zarrentin.de, www.zarrentin.de

TALSPERRE ZEULENRODA, THÜRINGER VOGTLAND

Tourismuszentrum
Zeulenrodaer Meer
Bleichenweg 30
07937 Zeulenroda-Triebes
Tel.: 036628/098064
www.zeulenroda-triebes.de

Fläche (km²): 0,9
Das gibt's: Die Talsperre, gern Zeulenrodaer Meer genannt, wurde im Weidatal, Thüringen, aufgestaut. Sie ist von viel Wald umgeben.
Erlebnis: Baden, Angeln, Boot fahren, Wandern, Radeln

Wohnmobilhafen Zeulenrodaer Meer

Bleichenweg 30
07937 Zeulenroda-Triebes
Tel.: 0172/8487568
https://wohnmobil-zeulenroda.blogdns.com
Am Strandbad von Zeulenroda

GPS: 50°39'29.86"N/11°58'4.71"E

Platz: = 17 auf Kiesel. CHEM GRAU. R wird empfohlen. Beleuchtet. 15.5.-15.9. Dusche/WC im Strandbad 10:00-19:00 Uhr. Anmeldungsbogen am Hafengebäude. Ganzjährig geöffnet.
Preis: Ab 10 € inkl. Wasser, Entsorgung, WLAN, Hund. Strom 0,50 €/kWh, VE für Durchreisende 3 €. NS 10 €, HS 15 € (10 € plus 2,50 €/ Erw.). Kind gratis. Bezahlung über Briefkasten am Hafengebäude.
Gastro: 24-h-Laden mit Brötchen am Strand.
Freizeit: Nordic-Walking-Park Thüringer Vogtland, Badewelt Waikiki, Strandbad Zeulenroda.
POI: Städtisches Museum u. Stadtarchiv, Dreieinigkeitskirche, Tiergehege Rabensleite.
Kontakt: Tino Wolf, ☎ 0172/8487568, wohnmobil-zeulenroda@gmx.de, wohnmobil-zeulenroda.blogdns.com

Weitere Stellplätze (siehe auch www.bordatlas.de):
Stellplatz Badewelt Waikiki Zeulenroda, Am Birkenwege 1, Tel.: 036628/7370, www.waikiki-zeulenroda.de

ZÜLPICHER SEE, JÜLICH-ZÜLPICHER BÖRDE

Tourist-Info
Andreas-Boicher-Platz 1
53909 Zülpich
Tel.: 02252/520
www.zuelpich.de

Fläche (km²): 0,9
Das gibt's: Wassersportsee auf dem 20 Hektar großen Gelände der Landesgartenschau 2014, Sandstrand und riesiges Freizeitareal
Erlebnis: Baden, Aqua-Park, Riesen-Hüpfkissen, Bootsverleih

Wohnmobilhafen Seepark Zülpich

Am Wassersportsee
53909 Zülpich
Tel.: 02252/52345
www.seepark-zuelpich.de/wohnmobilhafen
Am Südufer des Zülpicher Sees

GPS: 50°40'35.00"N/6°39'34.00"E

Platz: = 60 auf Wiese. CHEM . Infotafel, Sitzgruppe. WC und Dusche im kostenpflichtig im Seepark Zülpich. VE neben der Tennisanlage. Ganzjährig geöffnet.
Preis: 10 € inkl. Strom. Wasser 1 €/80 l. Bezahlung am Parkscheinautomat oder an der Kasse zum Seepark Zülpich.
Distanz: Ⓗ 0,5 km, 1,5 km, 0,3 km, weitere Restaurants in 1,3 km, 2 km.
Gastro: Restaurant Lago Beach 0,3 km.
Freizeit: Tennis, Wassersport, Flying Fox-Park (Kletter- und Seilrutschenpark), Tretboot fahren 0,5 km, Strandbad 0,5 km, Adventure-Golf 0,5 km.
POI: Seepark Zülpich, Römerthermen Zülpich – Museum der Badekultur, mittelalterliche Stadtmauer 0,7 km, Teil einer römischen Wasserleitung 0,7 km.
Anfahrt: B56 von Zülpich → Euskirchen → Wassersportsee . Parkplatz 4 nur für Wohnmobile reserviert.
Kontakt: Seepark Zülpich, ☎ 02252/52345, sbougherf@stadt-zuelpich.de, www.seepark-zuelpich.de/wohnmobilhafen

ZWENKAUER SEE, LEIPZIGER SEENLAND

Tourist-Kontor
An der Mole 1
04442 Zwenkau
Tel.: 034203/435718
www.leipzig.travel

Fläche (km²): 9,7
Das gibt's: Gefluteter Braunkohletagebau, größter See des Leipziger Neuseenlandes
Erlebnis: Baden, Angeln, Segeln, Wandern, Radeln

AUSFLUGSSCHIFF „SANTA BARBARA"

Stellplatz Ostmole

An der Mole 1
04442 Zwenkau
Tel.: 034203/43570
www.zwenkauer-see.com/logie/stellplatz-ostmole/
Mit Blick auf Hafen und See

GPS: 51°14'5.69"N/12°20'11.55"E

Platz: = 8 auf Rasengittersteine, Pflaster. Öffentliches WC in 150 m, Duschen/Frischwasser an der Tauchbasis Zwenkauer See in 100 m. Ganzjährig geöffnet.
Preis: 5 €.
Distanz: 0,4 km, 1,3 km, 2 km.
Freizeit: Badestrand 0,3 km, Waldbad Zwenkau 2,2 km.
POI: Steinpark Kap Zwenkau 0,6 km, Freizeitpark Belantis 11 km, Völkerschlachtdenkmal in Leipzig 18 km.

Kontakt: Tourist-Kontor Zwenkauer See, ☎ 034203/43570, tourist-kontor@zwenkauer-see.com, www.zwenkauer-see.com/logie/stellplatz-ostmole/

GROSSER LABUSSEE, MECKL. KLEINSEENPLATTE

Tourist-Info
Burg 1
17255 Wesenberg
Tel.: 039833/27567
www.klein-seenplatte.de

Fläche (km²): 3,3
Das gibt's: See im Müritz-Nationalpark
Erlebnis: Baden, Angeln, Paddeln, Wandern, Radeln

Camping- und Wohnmobilplatz Zwenzower Ufer

Zwenzow 4 F
17237 Zwenzow-Userin
Tel.: 03981/24790
www.haveltourist.de

Am Ortsrand von Zwenzow, unmittelbar am Großen Labussee

GPS: 53°19'1.02"N/12°56'36.22"E

Platz: = 10 auf Wiese. =10 (16 A) CHEM GRAU . Sauna an FKK-Badestelle, Nutzung des Haveltourist-Animationsprogramms in Groß Quassow in 5,5 km. wird empfohlen. Geöffnet: 27.3.-31.10.

Preis: Ab 10,30 € inkl. Strom, Entsorgung. Dusche 1 €/3 min, WLAN ab 1,50 €. Vor der Schranke: 10,30-14,70 € je nach Saison. Weitere Stellplätze auf dem Camping je nach Saison und Größe ab 13,30 € inkl. Strom. Frischwasser, Sat-TV, WLAN gegen Aufpreis. Hund 1,30- 5,30 €.

Distanz: , 0,2 km, Ⓗ 0,5 km, 5,5 km.

Gastro: Kleiner Imbiss auf dem Platz. Minimarkt

POI: Müritz-Nationalpark 0,1 km, Burg Wesenberg 6 km, Schlossinsel Mirow 10 km.

Anfahrt: B198 aus in Mirow auf der L25 → Userin links abbiegen, über Granzow, Roggentin nach Zwenzow. In Zwenzow am Ortsausgang → Wesenberg. Von Berlin über die B96 → Neustrelitz, dort → Userin, Useriner Mühle nach Zwenzow.

Kontakt: Haveltourist, ☎ 03981/24790, info@haveltourist.de, www.haveltourist.de

Seensucht nach Meer

Der Bodensee – ein Lieblingsziel mobiler Reisender. Das Schwäbische Meer verführt mit einem traumhaften Hinterland, mediterranem Flair sowie herrlich gelegenen Stell- und Campingplätzen. Der Weg lohnt sich also auf jeden Fall.

von Jutta Neumann

Der Bodensee gilt als Traumziel für Urlauber, erst recht bei denen, die mit dem Reisemobil unterwegs sind. Seine Lage verspricht bestes Wetter, und viele Menschen sehnen sich nach Freizeit am und im Wasser, in Straßencafés und Restaurants, beim Bummeln und Shoppen.

Und am Bodensee zeigt sich immer wieder: Mit etwas gutem Willen und ein paar kleineren Abstrichen fühlt sich der Urlaub fast an wie in Italien. Die Bodensee-Region, die mit Deutschland, Österreich und der Schweiz gleich von drei Ländern und ihren jeweiligen kulturellen Eigenheiten geprägt ist, bietet einen unübertroffenen Reichtum an Landschafts- und Kulturdenkmälern, an kulturellen Angeboten, Sportmöglichkeiten und kulinarischen Verführungen – dazu ein mildes Klima, das der Region dicht bewachsene Weinhänge und mediterran anmutende Palmen beschert.

Der vom Rhein gespeiste See besteht aus zwei miteinander verbundenen Teilen, dem Untersee und dem größeren Obersee. Einmal rundherum sind es 273 Kilometer, 173 davon liegen in Deutschland. Rings um den See schmiegen sich zahlreiche sehenswerte Weindörfer und Städte wie Überlingen, Meersburg und Radolfzell. Egal, ob Schlossbesichtigung, Segelabenteuer, Strandtag, Weinverkostung, Wellnesstag, Bergwanderung oder Radtour: Hier ist für jeden Gusto etwas dabei.

Für den Stellplatz-Check habe ich mich im Frühling auf die deutsche Seite zwischen Lindau und Konstanz beschränkt, wohl wissend, dass selbst dieser Ausschnitt mit einem Kurzbesuch nicht annähernd erfahrbar ist. Es gibt unendlich viel zu sehen und zu ▶

ÜBERNACHTEN AM BODENSEE

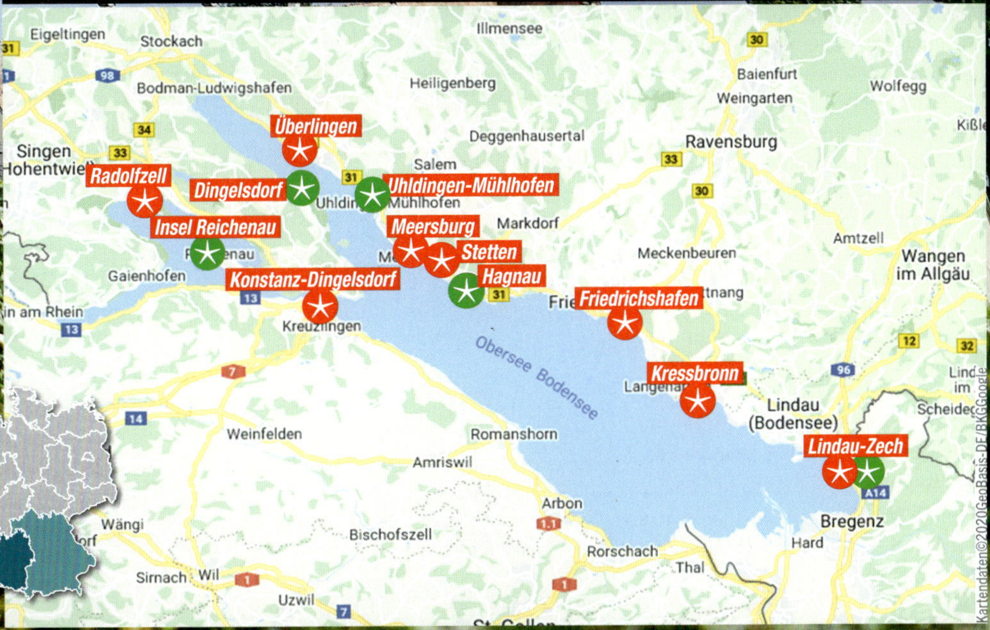

Reisemobil-Stellplatz Campingplatz

UNESCO-Weltkulturerbe: Das Pfahlbaumuseum Unteruhldingen ist eines der größten Freilichtmuseen Europas und lockt jährlich 30.000 Besucher an den Bodensee.

erleben – wer einmal da ist, will nicht mehr weg. Das ist der einzige Haken.

Apropos: Das Platzangebot für mobile Reisende ist zwar groß, aber auch stark frequentiert. Wer also einen Hafen gefunden hat, kann auch einfach ein paar Tage bleiben und die schönsten Ausflugsziele von dort aus mit dem Fahrrad, dem Bus, der Bahn oder dem Schiff (auch kombiniert) erkunden.

LINDAU: CHARMANTE INSELSTADT MIT ALPENPANORAMA

Auftakt in Lindau. Als ich dort am Park-Camping ankam – ich hatte nicht reserviert – hatte ich Chaos befürchtet: lange Fahrzeugschlangen im Wartebereich, genervte Urlauber an der Rezeption, gestresste Campingplatzmitarbeiter.

Nichts dergleichen fand ich vor, ganz im Gegenteil: Es war alles bestens organisiert, und an der Rezeption lief alles reibungslos. Und das sogar in Zeiten von Corona.

Die Mitarbeiter wirkten, als hätten sie nie etwas anderes gemacht als Krisenbewältigung, und den Gästen merkte man nicht im Geringsten an, dass es überhaupt eine gab. An den Anblick von Masken hatte ich mich bereits gewöhnt und war also nicht überrascht, als mir im Waschraum und im gut ausgestatteten Shop maskierte Menschen entgegenkamen. Natürlich immer in separater Spur.

Der Platz liegt wunderschön an einer Bucht, an der sich spielende Kinder vergnügten, Surfer ihre Bretter ins Wasser ließen und Sonnenhungrige vermutlich zum ersten Mal in diesem Jahr ihre neue Badekleidung ausführten. Lauter Farbtupfer.

Gut bewacht vom bayerischen Löwen: der Lindauer Hafen.

Ich blieb mit meinem Wohnmobil außerhalb auf dem schön schattigen Stellplatz und schnappte mir das Rad für eine Erkundung der Umgebung. Der Hunger trieb mich dann ziemlich direkt auf die Lindauer Insel, die vom Campingplatz aus auf einer schönen Strecke in rund 20 Minuten erradelbar ist. Das macht noch mehr Appetit.

Die Stadt ist zauberhaft und war, wie nicht anders zu erwarten, gut besucht. Auf der Seepromenade gegenüber der berühmten Hafeneinfahrt mit dem 33 Meter hohen Leuchtturm und der Statue des bayerischen Löwen – Wahrzeichen der Stadt – bummelten sommerlich gekleidete Touristen, die Restaurants und Straßencafés waren voll.

Urlaubsstimmung in Lindau: Endlich darf wieder gemütlich im Biergarten gespeist werden. Ein Stück Normalität – trotz Pandemie und Hygieneauflagen wegen Corona.

Und was passiert wegen Corona? In die Lokale kam man zwar nur mit frisch desinfizierten Händen und mit Maske, die man abnehmen durfte, sobald man den vom Kellner zugewiesenen Platz erreicht hatte – der gehörige Abstand zum Nachbartisch ließ aber keine Zweifel aufkommen an den vorgeschriebenen Hygieneauflagen.

Danach war aber alles wie immer – außer, dass der Tisch vielleicht dank der regelmäßigen Reinigung noch sauberer wirkte als üblich und dass einem die Kellner überall als Erstes einen Zettel vorlegten, auf dem man seine Daten hinterlassen sollte. Vorsicht im Zeichen der Pandemie, sicher ist sicher.

Im Restaurant des Hotels Helvetia ließ ich mir mit Blick auf das bunte Treiben die unvermeidlichen Kässpätzle schmecken, schwäbisch-bayerisches Nationalgericht, das mich auf Anhieb etwas träge, aber glücklich tiefer in den Stuhl sinken ließ. Es geht also wieder: Urlaubsgefühl – trotz Virenalarm und Maskenpflicht. Natürlich mit Blick aufs Wasser des Bodensees.

Gut gestärkt ließ ich mich weiter treiben zum historischen Marktplatz mit dem schönen Brunnen und dem hoch hinausragenden Turm des katholischen Münsters.

Weiter ging es durch Lindaus Haupteinkaufsstraße, die Maximilianstraße, die mit den hübschen Fassaden der aus dem 16. und 17. Jahrhundert stammenden Kaufmanns- und Handwerkerhäuser äußerst einladend wirkt – bis zum farbenfrohen gotischen Prachtbau des alten Rathauses, an dem ab 1422 eineinhalb Jahrzehnte getüftelt wurde.

Die schönste Art zu fliegen: der Ausblick auf den See und die Alpen vom Zeppelin aus.

Wie immer fiel es mir schwer, mich von Lindau loszureißen, aber es warteten weitere Perlen am Bodensee-Ufer. Also weiter – auf nach Kressbronn.

KRESSBRONN: ÄPFEL, WEIN UND SCHWIMMENDE KUNST

Der Ort hat sich als eines der größten Obstanbaugebiete Deutschlands einen Namen gemacht und kommt besonders zur Blütezeit im Frühjahr ganz groß raus. Aber auch der gute Kressbronner Wein findet zunehmend dankbare Abnehmer.

Besondere Attraktion ist der idyllische Schlösslepark mit dem 1829 erbauten Schlössle. Es liegt nur wenige Minuten vom See entfernt und ist heute Sitz eines Museums, das die Herzen von Liebhabern historischer Schiffe höherschlagen lässt.

Während der Sommermonate können hier im Erdgeschoss die „Schwimmenden Kunstwerke" des einheimischen Künstlers Ivan Trtanj besichtigt werden. In über 30 Jahren hat der gelernte Bootsbauer original- und detailgetreue Lustschiffe und Prunkbarken der europäischen Königshäuser aus dem Barock und Rokoko geschaffen (www.historische-schiffsmodelle.com).

Der großzügig angelegte Stellplatz liegt etwas abseits und sehr idyllisch im Grünen am Bodensee-Rundwanderweg im Ortsteil Tunau und wird vom Landgasthof Dorf- ▶

krug betrieben. Bis auf den deftigen Preis (24 Euro) sehr zu empfehlen.

FRIEDRICHSHAFEN: HOCH HINAUS MIT DEM ZEPPELIN

Nächste Etappe auf dem Weg Richtung Konstanz ist die Zeppelinstadt Friedrichshafen. Der Stellplatz an der Jugendherberge ist nicht zu empfehlen. Er liegt an einer lauten, viel befahrenen Hauptstraße und bietet zu wenig Service für zu viel Geld.

Davon sollte man sich aber nicht abschrecken lassen und die Höhepunkte der Stadt auskosten: Dazu gehört auf jeden Fall ein Spaziergang an der Uferpromenade, die zu den längsten und schönsten am Bodensee gehört und mit ihren ausgedehnten Hafenanlagen und zahlreichen Straßencafés maritimes Urlaubsflair vermittelt.

Wahrzeichen der Stadt ist die barocke Schlosskirche mit den beiden 55 Meter hohen Kuppeltürmen aus Rorschacher Sandstein, die sich übrigens auch sehr gut von oben bewundern lässt. Dazu eignet sich zum Beispiel vom 22 Meter hohen Aussichtsturm an der Hafenmole.

Wer noch höher hinaus will, lässt sich mit dem Zeppelin in den weiten Himmel tragen und genießt von oben den einmaligen Panoramablick über die Obstgärten im Hinterland, den blau schimmernden See und die verschneiten Schweizer Berge auf der gegenüberliegenden Seite.

Die hier allgegenwärtigen Luftschiffe sind übrigens nach dem in Konstanz geborenen Graf Ferdinand von Zeppelin benannt und können auch am Boden bewundert werden im Zeppelin-Museum.

Das beherbergt die weltgrößte Sammlung zu Geschichte und Technik der Luftschifffahrt und unter anderem auch eine begehbare originalgetreue Rekons-truktion eines Teils der legendären „Hindenburg" (www.zeppelin-museum.de).

HAGNAU: AUF DER JAGD NACH GERÄUCHERTEN FELCHEN

Auf dem Weg zum nächsten Tour-Höhepunkt in Meersburg lege ich einen Stopp am Campingplatz Alpenblick in Hagnau ein. Die Lage auf der Sonnenseite des Sees und am Ortsrand des hübschen Winzer- und Fischerdorfs Hagnau ist perfekt – genauso wie die Serviceeinrichtungen, das Restaurant und der Strand der sehr gepflegten Vier-Sterne-Anlage. Allerdings ist sie hoffnungslos ausgebucht, ohne Reservierung ist hier nichts zu machen.

Ich versuche mein Glück also auf dem nächstgelegenen Stellplatz in Stetten – allerdings nicht, ohne mich vorher an der Seestraße mit Felchen einzudecken, einem typischen Bodenseefisch, der geräuchert hervorragend schmeckt, und den die fünf ört-

Barockjuwel: Malerisch thront die berühmte Wallfahrtskirche Birnau in ihrem charakteristischen rosa-weißen Outfit über den Weinbergen und dem See.

lichen Fischer hier mit ihren flachen Fischerbooten einfangen.

STETTEN: MIT STORCHEN-OPEN-AIR-KINO

Stetten liegt auf dem Weg nach Meersburg aussichtsreich auf einem Hügel und besticht mit einem schön angelegten Stellplatz neben einer Obstplantage. Er gehört zum Gasthaus zur Alten Brennerei. Wie der Name vermuten lässt, wird hier schon seit 100 Jahren die hohe Kunst der Obstveredelung zelebriert. Noch heute verwandeln sich hier Birnen, Äpfel und Kirschen zur Obstmaische.

Wie gut, dass der Weg ins Bett nach einer Verkostung nicht weit ist. Wer dann vom Wohnmobil in Storchenaugen blickt, hat nicht zu viel Schnaps erwischt – die ziehen in Stetten tatsächlich ihre Kinder groß.

Ich entscheide mich gegen den Schnaps und stattdessen für ein Abendessen in Meersburg, mit dem Rad einen Katzensprung entfernt. Zumindest auf dem Hinweg geht es immer nur bergab, durch die ▶

Kuriose Skulpturen des Künstlers Peter Lenk: die Imperia am Konstanzer Hafen (oben), eine Figur aus dem Brunnen Bodenseereiter in Überlingen (rechts).

TIPP DER AUTORIN

Mit dem Rad um den See:

Der Bodensee-Radweg gehört zu den beliebtesten Radwegstrecken Europas. Er führt auf rund **270 Kilometern durch Deutschland, Österreich und die Schweiz** und mitten hinein in deren kulturelle Eigenheiten und typischen Kulturlandschaften. Unterwegs eröffnen sich atemberaubende Ausblicke auf die weite Wasserfläche des Bodensees, die nahe gelegenen Alpen sowie auf Flüsse und sanfte Hügellandschaften. Dazwischen laden heimelige Landgasthöfe, Strandbäder, Bodensee-Thermen, Gärten und Museen zum Pausieren ein. Selbstverständlich kann man auch kürzere Touren planen: **www.bodensee-radweg.com**. Die Rückfahrt lässt sich aufs Schönste verkürzen, wenn man sich mit dem Schiff zurückschaukeln lässt. Auf den meisten Kursschiffen können Fahrräder mitgeführt werden. Infos zu Abfahrtszeiten und Preisen gibt es hier: **www.bsb.de**

Stimmungsvoll: der Segelhafen in Radolfzell mit Blick auf den unübersehbaren Kirchturm des Münsters – mit 82 Metern der höchste am Bodensee.

Weinberge der tiefroten Abendsonne entgegen.

MEERSBURG: AB INS MITTELALTER

Der romantische Weinort, der nach seiner urigen Burg benannt ist, zählt zu Recht zu den Hauptattraktionen am Bodensee. Ein Rundgang durch die älteste noch bewohnte Burg Deutschlands hinterlässt bleibenden Eindruck. Ein paar Meter geht es über eine Zugbrücke durch das schwere Eingangstor, und schon landet der Besucher wie mit einer Zeitmaschine im Mittelalter.

Spätestens beim Anblick der umfangreichen Sammlung von Waffen und Ritterrüstungen sowie der Folterkammer mit dem tiefen Burgverlies, bin ich aber doch sehr froh, dass ich am anderen Ende des Rundgangs wieder im 21. Jahrhundert auftauche.

Hoffnung macht das Burg-Café, das mit einer herrlichen Aussichtsterrasse alle gruseligen Bestrafungsmethoden des Mittelalters vergessen lässt. Den atemberaubenden Seeblick dürfte auch die berühmte deutsche Dichterin Annette von Droste-Hülshoff genossen haben, als sie sich hier in ihren letzten Jahren aufhielt und

Reisemobil-Stellplätze

Anschrift	**88131 Lindau-Zech** Park-Camping Lindau Fraunhoferstr. 20 Tel.: 08382/72236 www.park-camping.de	**88079 Kressbronn** Dorfkrug - der Landgasthof Tunau 4 Tel.: 07543/9800 www.dorfkrug.de	**88046 Friedrichshafen** Wohnmobilstellplätze beim CAP Rotach Lindauer Str. 2 Tel.: 07541/20355444 www.friedrichshafen.de	**88709 Meersburg** Wohnmobilstellplatz Ergeten Daisendorfer Straße Tel.: 07532/4404011 www.meersburg.de
GPS-Daten	**47°32'16"N/9°43'42"E**	**47°35'25"N/9°34'30"E**	**47°39'1"N/9°29'47"E**	**47°42'4"N/9°16'6"E**
Stellflächen	**12 Plätze** auf Schotter	**40 Plätze** auf Wiese	**25 Plätze** auf Asphalt	**38 Plätze** auf Asphalt
Gebühr *)	**15 €** inkl. Entsorgung, Wasser, WC. Kurtaxe: 3,30 €	**24 €** inkl. Strom, Wasser, Entsorgung, WC, WLAN, Hund	**13,20 €**	**13-15 €** (je nach Saison), inkl. Entsorgung, WC
Ver- und Entsorgung (V/E), Strom	kein Strom	Dusche: 1,50 €	Strom: 0,50 €/kWh, Wasser: 1 €/100 l	Strom: 0,50 €/kWh, Wasser: 1 €/80-100 l, Dusche: 1 €
Bemerkung	Durchreiseplatz vor dem Campingplatz, für max. 24 Stunden nutzbar, teilweise unter Bäumen, daher schattig. Alle Einrichtungen des Camps nutzbar. Direkt am Badestrand. Hunde erlaubt. Geöffnet: Ende März bis Mitte November.	Überwiegend eben, teilweise schattig, Zentrum zu Fuß erreichbar. Brötchenservice, Biergarten. In der Nähe: Schloss mit Museum, Park, Hängebrücke, Jachthafen. Nur 0,7 km zum See. Geöffnet: Ostern bis Mitte Oktober.	Der Stellplatz liegt vor einem Campingplatz, überwiegend eben, Zentrum fußläufig. In der Nähe: Schlosskirche. Dornier-Museum, Zeppelin-Museum, Aussichtsturm an der Hafenmole. Aufenthalt max. 3 Tage. Ca. 100 m zum Strand. Geöffnet: April bis Oktober.	Am Ortsrand, auf einem Parkplatz. Überwiegend eben, befestigter Untergrund. Bezahlung am Parkscheinautomaten, Supermarkt direkt nebenan, Busticket im Preis inbegriffen. 2,5 km zum See. Aufenthalt max. 72 h. Hunde erlaubt. Ganzjährig.
Fazit	Schlicht, im Grünen unter Bäumen, neben Bahnlinie, nachts ruhig, Einrichtungen des CP nutzbar, schnell in Altstadt/Insel.	Gepflegter Platz im Grünen, ruhig, gute Lage am Rad-/Wanderweg, neben Restaurant/Biergarten, nettes Personal, gut ausgestattet, aber zu teuer.	Ungemütlich, laut, an viel befahrener Hauptstraße, wenig Platz zum Rangieren, wenn es voll ist; ungünstiges Preis-Leistungs-Verhältnis.	Preis ist ok, schlicht, aber gut ausgestattet mit WC/Dusche, nicht idyllisch, aber zweckmäßig, etwas außerhalb, zurück gehts immer steil bergauf.

*) Preis für min. 2 Erwachsene, 1 Reisemobil im Jahr 2021

auch auf der Burg starb. Ihr Sterbebett steht auf dem Runbdgang durch das Gemäuer.

Direkt nebenan geht es in das Neue Schloss, eine rosa Perle barocker Architektur. Auch hier erwartet die Besucher auf der Schlossterrasse ein herrlicher Panoramablick über den See bis zu den Gipfeln der Schweizerischen Alpenkette.

Nach so viel Himmel zieht es mich wieder hinunter ans Wasser. Der Weg bergab führt durch schöne alte Gassen, vorbei an schmucken Fachwerkhäusern und am Staatsweingut über zahlreiche Stiegen hinunter in die Unterstadt – und da direkt an die pittoreske Seepromenade mit ihren einladenden Restaurants und gemütlichen Straßencafés.

Auf mobile Reisende warten in Meersburg gleich drei Stellplätze. Sie liegen zwar nicht sonderlich idyllisch am oberen Stadtrand und in der Nähe von befahrenen Straßen, aber sie sind preiswert, funktional und relativ gut erreichbar.

UHLDINGEN-MÜHLHOFEN: PFAHLBAUTEN UND KLOSTER

Kurz hinter Meersburg wartet ein weiterer Höhepunkt der Tour – die als UNESCO-Weltkulturerbe gelisteten Pfahlbauten in Uhldingen. Das archäologische Freilichtmuseum präsentiert Funde und Nachbauten aus der Stein- und Bronzezeit.

Nur ein paar Kilometer weiter thront die weithin sichtbare und äußerst beliebte Barockkirche Birnau über dem See. Beide Sehenswürdigkeiten sind gut Fuß oder mit dem Fahrrad vom Campingplatz Birnau-Maurach aus erreichbar, der sich unterhalb der Klosteranlage an das Seeufer schmiegt. Nicht die schlechteste Adresse für einen längeren Aufenthalt. ▶

88719 Stetten Wohnmobilstellplatz „Alte Brennerei" Tel.: 07532/5709 www. zuraltenbrennerei.de	**88662 Überlingen** Reisemobilhafen Überlingen Kurt-Hahn-Str. Tel.: 07551/9471522 www.ueberlingen-bodensee.de	**78315 Radolfzell** Stellplatz Mettnau Strandbadstraße 32 Tel.: 07732/81500 www.radolfzell-tourismus.de	**78462 Konstanz** Döbele P2 Döbeleplatz/Grenzbachstraße Tel.: 07531/133030 www.konstanz.de
47°41'35"N/9°17'54"E	**47°46'34"N/9°8'54.48"E**	**47°44'16"N/8°58'49.66"E**	**47°39'28.60"N/9°10'9.44"E**
35 Plätze auf Schotter > 8 m	**42 Plätze** auf Schotter < 12 m	**31 Plätze** auf Schotterrasen	**12 Plätze** auf Asphalt
12 € inkl. Entsorgung	**16 €** inkl. Entsorgung	**8-15 €** (je nach Saison) inkl. Entsorgung, WC, WLAN, Hund. Kurtaxe extra	**18 €** inkl. WC, Wasser, WLAN
Strom: 0,50 €/kWh Wasser: ab 1 €/100 l, Hund: 1 €	Strom: 0,50 €/kWh, Wasser: 0,10 €/10 l	Strom: 0,60 €/kWh, Wasser: 1 €/100 l, Dusche: 1 €/5 min	Kein Strom
Am Ortsrand von Stetten, an einer Gaststätte/Brennerei, ÖPNV-Anschluss in der Nähe. Am Platz: Restaurant, Frischwasser, Strom. Bezahlung im Gasthaus. Anreise zwischen 7 Uhr und 21 Uhr. 2,5 km zum See. Hunde erlaubt. Ganzjährig.	Stellflächen auf Parkplatz und einem für Reisemobile ausgewiesenen Areal. Überwiegend eben, kein Schatten. Zentrum zu Fuß erreichbar. ÖPNV-Anschluss in der Nähe. Kiosk, beleuchtet, Aufenthalt max. 3 Nächte. 1,4 km zum See. Hunde erlaubt. Ganzjährig.	Überwiegend eben, teilweise schattig, fußläufig, ÖPNV in der Nähe. Park und ausgewiesene Fahrrad- und Wanderwege in der Nähe, Parkscheinautomat, Aufenthalt max. 3 Nächte. 1,5 km zum Strandbad. Ganzjährig.	Überwiegend eben, kein Schatten. Zentrum fußläufig. ÖPNV-Anschluss, historische Altstadt, Schnetztor, Rathaus, Münster, Rosengartenmuseum, Sea Life-Center, Insel Mainau. Hunde erlaubt. Ganzjährig.
Toller Platz, idyllische Lage auf Hügel, ruhig, im Grünen, schöner Rad-/Wanderweg durch Weinberge nach Meersburg (3 km), netter Betreiber.	Parkplatzatmosphäre, für eine Nacht/Stadtbesichtigung ok, Supermarkt nebenan, sonst keinerlei Flair, kein gutes Preis-Leistungs-Verhältnis.	Sehr gut ausgestatteter, gepflegter Platz mit WC und Duschen, relativ zentral, nah an Mettnau-Park und See, Altstadt gut erreichbar mit dem Rad.	Sehr zentral, aber laut, an Cityring, auf öffentlichem Parkplatz, für Stadtbesichtigung geeignet, aber viel zu teuer.

Sommerfrische in Klausenhorn: Ob mit dem Schlauchboot, Stand-up-Paddle oder in der Badehose – hier schmeißt sich jeder in den See, auf die eine oder andere Art.

ÜBERLINGEN: DUFTENDE OASE AM SEE

Nächster Stopp ist in Überlingen, das mich als Gartenfreundin sofort begeistert. Entweder man folgt hier einfach Nase und Augen – zum Beispiel in den Rosengarten oder auf den ausgewiesenen Gartenkulturpfad, der auch an der wunderschön bepflanzten Uferpromenade entlangführt.

Die ist gesäumt von Palmen und blühenden Blumenbeeten, der Kurgarten verzaubert mit exotischen Pflanzen wie Götterbaum, Tulpenbaum und Mammutbaum. Das alles vor der historischen Kulisse der pittoresken Altstadt mit ihren verwinkelten Gassen und dem weithin sichtbaren Münster St. Nikolaus. Skurriler Blickfang und

Campingplätze			
Anschrift	**88131 Lindau-Zech** Park-Camping Lindau Fraunhoferstr. 20 Tel.: 08382/72236 www.park-camping.de	**88690 Uhldingen-Mühlhofen** Camping Birnau-Maurach Birnau-Maurach 7 Tel.: 07556/6699 www.birnau-maurach.de	**88709 Hagnau** Campingplatz Alpenblick Strandbadstraße 13 Tel.: 07532/495760 www.campingplatz-alpen blick.de
GPS-Daten	**47°32'16"N/9°43'51.73"E**	**47°44'28"N/ 9°13'36"E**	**47°40'19"N/9°19'38"E**
Stellflächen	**270 Plätze**	**90 Plätze**	**70 Plätze**
Gebühr *)	**32-40,50 €** (je nach Saison/Lage), inkl. Strom, Kurtaxe: 3,30 €. Hund: 4-5 €	**26-32 €** (je nach Saison), zzgl. Kurtaxe, Strom: 3,50 € plus 0,60 €/kWh, Hund: 5 €	**23-28 €** (je nach Saison), Strom: 3,50 €/Tag, Dusche: 0,50 €/4 min, Hund: 4-5 €
Bemerkung	Ebene Wiese mit altem Baumbestand, zwischen See und Bahnlinie (nachts ruhig). Teilweise Seeblick, ca. 120 m langer Kiesstrand mit Liegewiese und alten Weiden, durch kleine Halbinsel mit Badetreppen unterbrochen.	Zwischen Überlingen und Meersburg. Vom Campingplatz aus Aussicht auf den Bodensee, die Insel Mainau bis hin zur Schweizer Bergwelt, eigener Strandzugang, Sportplatz, Restaurant, modernes Sanitärgebäude.	Durch Fahrweg zum Strandbad zweigeteiltes Wiesengelände mit Obstbäumen. Oberer Platzteil terrassiert und weitgehend eben, Plätze am See stark geneigt. Straße hörbar, Strandbad mit Kiesstrand und großer Liegewiese.
Fazit	Tolle Lage am See, eigener Strandzugang, gutes Lokal, Shop, moderner Sanitärbereich, nettes Personal.	Super Lage direkt am Wasser, eigener Strandzugang, unterhalb Klosterkirche Birnau sowie nahe der Pfahlbauten, gepflegte Anlage.	Sehr schöne Lage am Wasser, gutes Lokal, eigener Strandzugang, nettes Personal, moderne Sanitäranlagen, Shop, gute Anbindung.

*) Preis für min. 2 Erwachsene, 1 Reisemobil im Jahr 2021

beliebtes Fotomotiv ist der Brunnen Bodenseereiter neben dem Bootsanleger. Das 1999 von Bildhauer Peter Lenk errichtete Kunstwerk hat als Karikatur des in Überlingen lebenden Dichters Martin Walser für Aufsehen gesorgt.

Der Stellplatz befindet sich am Stadtrand neben einem Supermarkt. Für eine Stadtbesichtigung erfüllt er seinen Zweck – Urlaubsstimmung kommt aber eher nicht auf.

RADOLFZELL: BELEBTER WALLFAHRTSORT

Über die fantastische Straße geht es jetzt um den Überlinger See herum auf die andere Seite ins 24 Kilometer entfernte Radolfzell. Die drittgrößte Stadt am Bodensee begeistert mit einer sehenswerten Altstadt.

Unübersehbares Wahrzeichen ist das Münster, das mit dem höchsten Kirchturm am ganzen Bodensee auftrumpft. Wer sich die Mühe macht, ihn zu besteigen, genießt einen tollen Blick auf die Seepromenade und das Naturschutzgebiet auf der Halbinsel Mettnau. Hier befindet sich einer der beiden Radolfzeller Stellplätze. Der erst 2019 neu eröffnete Platz ist bestens ausgestattet mit Duschen, WC und WLAN.

REICHENAU: UNESCO-WELTKULTURERBE

Vorletzte Station ist die seit dem Jahr 2000 als UNESCO-Weltkulturerbe gelistete Insel Reichenau – eine heimelige, vom Untersee umspülte eigene Welt. Ehrwürdige Hüter des 4,5 Kilometer langen und 1,5 Kilometer breiten Eilands sind die drei mittelalterlichen Kirchen, die ursprünglich zum Kloster Reichenau gehörten.

Auf Feldern, Hängen und in Gärtnereien gedeihen Gemüse, Kräuter und Wein. Erreichbar ist die Reichenau über einen von Pappelreihen gesäumten Damm, der durch das Naturschutzgebiet Wollmatinger Ried auf die Insel führt.

Ich steuere das Wohnmobil in den Westen immer dem Sonnenuntergang entgegen bis zum herrlich am Wasser gelegenen Camping Sandseele. Der Platz hat alle vier Sterne verdient und begeistert mit einem eigenen Strand, einem tollen Lokal, modernen Sanitärgebäuden und freundlichen Mitarbeitern.

KONSTANZ: BODENSEE-METROPOLE AM SÜDUFER

Krönender Abschluss der Tour ist Konstanz. Die größte Stadt am Bodensee beeindruckt mit ihrer Lage am Rheinzufluss und einer gut erhaltenen historischen Altstadt, in der vor allem das prächtige Münster mit seiner gotischen Turmspitze ins Auge sticht.

Vom lauten, aber dafür zentralen Stellplatz aus bummle ich durch Gassen bis zum Hafen und bestaune die Imperia, eine nur leicht bekleidete Freiheitsstatue, die in der Stadt für reichlich Gesprächsstoff gesorgt hat: Die ironische Handschrift des Bildhauers Peter Lenk ist auch hier unverkennbar.

Die letzte Nacht verbringe ich am Camping Klausenhorn. Der macht mir mit seinem Strand den Abschied vom Schwäbischen Meer nicht leicht. ■

Spielzeug für Erwachsene: Mit den Bodensee-Steinen lassen sich schöne Skulpturen bauen.

KONTAKT/INFOS

Internationale Bodensee Tourismus GmbH

Hafenstraße 6
78462 Konstanz
Tel.: 07531/909430
www.bodensee.eu

78479 Insel Reichenau Campingplatz Sandseele Zum Sandseele 1 Tel.: 07534/7384 www.sandseele.de	**78465 Konstanz-Dingelsdorf** Campingplatz Klausenhorn Hornwiesenstraße 40/41 Tel.: 07533/6372, www.camping-klausenhorn.de
47°41'54"N/ 9°2'40"E	**47°44'46"N/9°8'52"E**
120 Plätze	**170 Plätze**
29-34 € (je nach Saison), Strom: 4 €/Tag, Dusche: 1 €	**32-36 €** (je nach Saison), inkl. Strom, zzgl. Kurtaxe, Dusche: 0,50 €/3 min, Hund: 3 €
4-Sterne-Camping, mit Blick über Untersee, Halbinsel Höri und Schweizer Ufer. Ebenes Gelände mit hohen Laubbäumen. Im Uferbereich öffentlicher Fußweg, ländliche Umgebung, neues Sanitärgebäude, Restaurant. Hunde nicht erlaubt.	4-Sterne-Camping, durch Buschreihen unterteilt, ebenes Wiesengelände mit Laubbäumen, am Bodensee-Radweg, gepflegtes Sanitärgebäude, Naturstrandbad, Restaurant, Holzbackofen, gute Schiffsanbindung.
Traumhafte Lage im Westen der Insel, toller Strand, gutes Lokal, herrliche Sonnenuntergänge, nettes Personal.	Schöne, grüne Lage am See, nette Mitarbeiter, gepflegtes Sanitärgebäude, Strand-Restaurant, ideal angebunden an Konstanz (Schiff/Rad).

Fotos: J. Neumann, Klaus Haas, Achim Mende, Pixabay

Mobil von See zu See

Indian Summer: Gerade im Herbst verzaubert das Land der tausend Seen mit Licht, Farben und Charme der Mecklenburger Kulturlandschaft – und mit idyllisch am Wasser gelegenen Stell- und Campingplätzen.

von Jutta Neumann

Wasser, soweit das Auge reicht. Wer die Mecklenburger Seenplatte im Nordosten Deutschlands mit dem Reisemobil ansteuert, wird dort dankbar vom Gas gehen. Die zauberhaft unberührte Natur mit dem größten zusammenhängenden Seengebiet des Landes macht es großstadtgeplagten Urlaubern leicht – Entschleunigung ist hier naturgegeben.

Gerade im Herbst, wenn wieder Ruhe einkehrt nach dem Sommergetümmel, entfaltet der Zauber dieses hügeligen Waldlandes voller Seen und Moore seinen besonderen Reiz.

Wer durch den von der UNESCO als Kulturerbe gelisteten Buchenwald im Müritz-Nationalpark streift, wird sich an den bunten Farben kaum sattsehen können. Zu verdanken ist das der Jagdleidenschaft der Großherzöge von Mecklenburg-Strelitz. Sie hatten die Wälder um Serrahn lange Zeit kaum angetastet. Als Finderlohn für ausgedehntes Waldbaden warten duftende Pilze am Wegesrand. Die Vielzahl an Biotopen in unterschiedlichster Kombination mit Seen und Mooren macht den Reiz der Landschaft aus und bietet Großvögeln wie Rohrdommel und Kranich ideale Lebensbedingungen. Auch Fisch- und Seeadler kommen hier voll auf ihre Kosten – in keiner Region Mitteleuropas gibt es so eine Brutdichte wie in Mecklenburg.

Angekommen an einem der oft direkt am Wasser gelegenen Stell- oder Campingplätze, steigen mobile Reisende gerne um ins Boot, aufs Rad, aufs Pferd oder in die Kutsche. So lässt sich die verwunschene Gegend herrlich entspannt erfahren. Mittendrin verführen malerisch gelegene Städtchen, Dörfer, Schlösser, Kirchen, Burgen, Wasser- und Windmühlen, Hügel- und ▶

ÜBERNACHTEN AN DER MECKLENBURGER SEENPLATTE

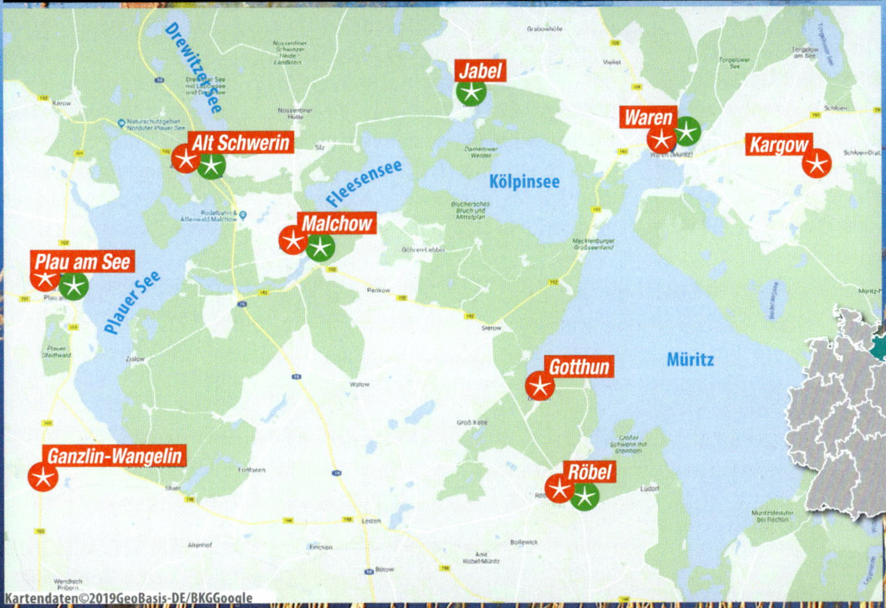

Reisemobil-Stellplatz Campingplatz

Faszinierendes Baudenkmal in Plau am See: In regelmäßigen Abständen hebt und senkt sich die alte Hubbrücke über die Elde und lässt Schiffe passieren.

Steingräber zum Bleiben – und natürlich Häfen. Die meisten Marinas heißen Reisemobile willkommen und bieten Stellplätze mit Seeblick.

WANGELIN: HEILSAME NÄCHTE ZWISCHEN OBST UND GEMÜSE

Die Tour beginnt zwar abseits vom Wasser, dafür mitten im würzig nach Kräutern duftenden Wangeliner Garten – etwa zehn Kilometer südwestlich vom Plauer See. Neben Heilpflanzen wachsen hier Duft-, Färber- und Zauberpflanzen. Eine der Besonderheiten ist das Zusammenspiel zwischen Garten und ökologischem Bauen. Die liebevoll gestalteten Gebäude aus Stroh und Lehm entstanden in Kooperation mit der benachbarten Europäischen Bildungsstätte für Lehmbau. Viele der Bauten gehören zu den ersten und oft einzigen ihrer Art in Deutschland. Wer sich für ökologisches Bauen interessiert, kann sich hier von Fachleuten beraten lassen oder an Lehmbaukursen teilnehmen. Nicht zu verachten ist außerdem das in einem achteckigen Lehmbau untergebrachte Café mit der schönen Terrasse.

Ganz nach dem Motto „Frisch aus dem Garten auf den Teller" zaubern die Gastgeber Wildkräutersalat mit frischen Kräutern wie Sauerampfer, Giersch oder Fetthenne auf den Tisch. Wer es lieber warm mag, genießt Suppen mit frischen Zutaten je nach Jahreszeit. Für die süßen Gäste gibt es selbst gebackene Kuchen, Tartes und Torten mit garteneigenen Früchten.

Reisemobile stehen relativ hochpreisig, aber dafür inklusive Strom, Wasser, WC und Dusche mitten drin – idyllisch auf einer Wiese zwischen den blühenden Gärten und den Lehmbauten.

Himmel und Wasser: Im Naturpark Nossentiner Schwinzer Heide lässt es sich herrlich entspannen.

PLAU AM SEE: ALTE HUBBRÜCKE REGELT DEN VERKEHR

Von Wangelin aus geht es etwa 13 Kilometer nach Plau ans Westufer des

Beliebtes Fortbewegungsmittel in Plau am See: Ob mit dem Motorboot, Kajak oder Ausflugsdampfer – auf der Elde kommt man gut voran (links). Aussichtsreiche Klosterkirche in Malchow: Wer fit ist, steigt die Stufen hoch bis in die Turmspitze (rechts).

gleichnamigen Sees. Er ist der drittgrößte in Mecklenburg-Vorpommern und gilt als einer der schönsten der Mecklenburger Seenplatte. An seinen breiten naturnahen Ufern und den ruhigen Buchten fühlen sich Seeadler, Eisvögel, Kraniche oder Fischotter besonders wohl – genau wie Reisemobilisten: Für Urlauber, die ihr eigenes Hotelzimmer dabei haben, gibt es gleich mehrere schöne Plätze zur Auswahl.

Der Stellplatz am Strandbad bietet zwar keinen Service, liegt aber direkt am See und im Grünen. Wer eher den Luxus eines gepflegten Campingplatzes sucht, ist im ganzjährig geöffneten Campingpark Zuruf bestens aufgehoben. Er liegt idyllisch an einer sandigen Bucht. Wer nur kurz bleibt und keinen Wert legt auf Aussicht, nächtigt auf dem vorgelagerten Stellplatz.

Der Radweg führt direkt hindurch und in etwa drei Kilometern in die sehenswerte Plauer Altstadt mit den bunten Fachwerkhäusern. Hier schlendern Einheimische und Touristen an der Elde entlang, dem längsten Fluss Mecklenburgs. Sie mündet in Plau in den See, fließt dann durch die Müritz bis in die Elbe – eine beliebte Wasserstraße für alle, die sich gerne mit Boot oder Kanu fortbewegen. Fußgänger bleiben spätestens bei der eindrucksvollen alten Hubbrücke fasziniert stehen. Sie hebt und senkt sich in regelmäßigen Abständen, damit größere Schiffe passieren können. Ein Hingucker ist auch das im Stil der Renaissance erbaute Rathaus am Marktplatz. Nach einem verheerenden Brand in den 1980er Jahren sollte es abgerissen werden und konnte dank einer beispiellosen Spendenaktion der Plauer Bürger wieder aufgebaut werden.

ALT SCHWERIN: AUF DER JAGD NACH SAIBLING UND FORELLE

Von Plau führt die Tour im Uhrzeigersinn um den See herum weiter in Richtung Alt Schwerin. Auf dem Weg liegt der schöne „Camping am See", der seinem Namen alle Ehre macht und an einer über 1000 Meter langen Uferzone lauschige Stellplätze mit Aussicht anbietet. Hier lässt es sich herrlich baden, segeln, surfen, angeln oder loswandern in den angrenzenden Naturpark. Die modernen Sanitäranlagen, ein kleiner Hafen, die nette Kneipe mit Seeterrasse und nicht zuletzt der Camping-Krimis schreibende Besitzer verführen zum Bleiben.

Der Hunger treibt mich schließlich doch weiter – jetzt zum Forellentesten in das gleichnamige Restaurant der alteingesessenen traditionellen Fischerei und Räucherei Alt-Schwerin.

Seit Jahrhunderte existiert sie bereits an diesem zauberhaften Fleckchen Erde in einer Bucht, kurz bevor es über eine kleine Brücke auf die urige Halbinsel Plauer Werder geht. Neben der Aufzucht von Stör, Forelle und Saibling wird hier noch heute die zünftige Seenfischerei mit Stellnetzen und Reusen gepflegt. Immer donnerstags um elf Uhr unternehmen Besucher mit dem Fischer eine tolle Floßtour über ▶

Schöner wohnen am See: Wer sein fahrendes Haus vorübergehend gegen ein schwimmendes austauschen will, wählt ein Bootshaus in Mirow und erkundet von hieraus die bezaubernde Landschaft der Kleinseenplatte.

den Plauer See zur Reuse und zur Störzucht (www.fischerei-alt-schwerin.de).

Mit einem deftigen Fischbrötchen im Bauch kann es weitergehen zum Stellplatz Inselcamping.

Die Anfahrt zieht sich mehrere Kilometer durch den Wald auf teilweise rumpeliger Piste, aber die Mühe lohnt sich – der Wohnmobilhafen liegt traumhaft am Waldrand vor einem Campingplatz. Die großzügigen Parkflächen sind einladend gestaltet mit Tischen und Bänken zum Picknicken und einer bezaubernden kleinen Badebucht. Wer vorher den Kühlschrank gefüllt hat und sich nach nichts als Ruhe sehnt, wird sich hier sehr wohlfühlen.

MALCHOW: AB AUF DIE INSEL

Egal, ob mit dem Rad, dem Camper oder dem Boot – schon die Ankunft in Malchow ist ein Erlebnis. Die Inselstadt ist vollständig umgeben von Wasser zwischen Plauer See und Fleesensee. Hotspot ist die preisgekrönte Drehbrücke, welche die charmante Altstadt mit dem Festland verbindet. Einmal in der Stunde lässt sie Boote und Fahrgastschiffe passieren – eine Attraktion, die viele Besucher gebannt von einem der umliegenden Restaurants und Cafés aus bewundern. Der Italiener am Hafen macht es ohnehin fast unmöglich, weiter zu bummeln. Der Magen knurrt und es duftet verführerisch nach frisch gebackener Pizza. Wer sich hier niederlässt, genießt neben leckerem Essen und dem Nachtisch aus der Eisdiele einen herrlichen Blick auf die prägnanten Türme der Klosterkirche, die auf einer

TIPP DER AUTORIN

Selbstversuch im Orgelmuseum in Malchow:
Die Exponate dieses außergewöhnlichen Museums sind in der Klosterkirche untergebracht. Es beherbergt vor allem Orgeln, die am ursprünglichen Standort vom Verfall bedroht waren oder in nicht genutzten Kirchen standen. Die seltene Möglichkeit, mehrere Orgeln in einem Raum hören zu können, lockt Laien und Fachleute gleichermaßen an. Hier erfahren sie außerdem Wissenswertes über die **zweitausendjährige Geschichte der Orgel und die mecklenburgische Orgeltradition**. Eine der Orgeln kann von den Besuchern selbst gespielt werden. Die Akustik ist hervorragend und kommt bei regelmäßigen Konzerten zum Tragen.
Kontakt: Mecklenburgisches Orgelmuseum, Kloster 26, 17213 Malchow, **www.orgelmuseum-malchow.de**

In der Holländer-Windmühle in Röbel werden Fotografien und Malereien regionaler Künstler ausgestellt. (links) Der Weg ist das Ziel: Mecklenburg ist ein wunderbares Reiseland für Camper – auch wenn die Pisten hin und wieder etwas rumpelig sind, wie hier auf der Straße zur Halbinsel Damerower Werder und zur Fischerei Alt-Schwerin. (rechts)

kleinen Anhöhe am gegenüberliegenden Seeufer auf dem Festland thront. Die idyllisch im Grünen gelegene Klosteranlage ist zu Fuß über einen Damm erreichbar und beheimatet gleich mehrere Museen.

Im Raritätenmuseum „Kiek in un wunner di" erfahren Besucher Besonderheiten aus dem Lebensalltag der Bevölkerung in der ersten Hälfte des 20. Jahrhunderts – wie zum Beispiel die Geschichte des Wäschewaschens.

Auch das Orgelmuseum in der Kirche ist ein Erlebnis, nicht nur für Kirchenmusik-Liebhaber (siehe Tipp der Autorin). Wer gut zu Fuß ist, besteigt anschließend noch den Kirchturm und genießt einen fantastischen Rundumblick über die Stadt und die umliegenden Seen.

Für Camper gibt es mehrere wassernahe Stellplätze und einen schönen Campingplatz im Grünen – ein Grund mehr, hier ein paar Tage zu verweilen.

JABEL: UREINWOHNERN AUF DER SPUR

Nach so viel Kultur zieht es mich wieder in die Natur – an den zauberhaften Jabelschen See. Das hübsche kleine Dorf, dem der See seinen Namen verdankt, wartet gleich in der Ortsmitte beim Pfarrhaus mit einem eindrucksvollen Naturdenkmal auf:

Die mächtige Eibe, die dort Schatten und gute Stimmung spendet, soll um die 300 Jahre alt sein und damit die älteste ihrer Art in Mecklenburg. Und es gibt weitere Ureinwohner zu bestaunen – auf der im Süden des Sees liegenden Halbinsel Damerower Werder. In dem Naturschutzgebiet leben wieder angesiedelte europäische Wildrinder. Mit etwas Glück erhaschen Besucher während der täglichen Fütterungen im Wisent-Reservat einen Blick auf die vom Aussterben bedrohten urigen Wiederkäuer.

Für mobile Reisende gibt es gleich mehrere idyllische Niederlassungen. Der herrlich einsam im Wald auf einer Lichtung und entlang einer schönen Bucht gelegene Campingplatz befindet sich gegenüber vom Wisent-Reservat auf der anderen Seeseite und wirkt selbst wie ein verträumtes Relikt aus vergangenen (Camping-)Zeiten. Die neue Betreiberfamilie ist herzlich und

Idylle auf dem Wasser und an Land: Motorboote, Kanus und Ausflugsschiffe sind beliebt in Mecklenburg – so wie hier im Kanal am Plauer See.

sorgt für Wohlfühlatmosphäre – auf dem Platz und auf der hübschen Restaurant-Terrasse mit Seeblick, wo für die Gäste selbst zubereitete Schmankerl angeboten werden.

Wer mehr Action sucht und ein paar Tage aufs Boot umsteigen will, checkt am Jachthafen Maribell ein. Dort finden auch Camper ein schönes Plätzchen am Wasser.

WAREN: WELLNESS AM KLEINEN MEER

Wer sein nächstes Mahl selbst aus dem See fischen will, hat dazu an der Müritz beste Chancen. Der Name leitet sich vom slawischen „morcze" ab – „kleines Meer". Sehr passend: Die Müritz ist nicht nur der größte See der Mecklenburger Seenplatte, sondern auch der größte Binnensee Deutschlands – und ein Paradies für Angler. Zu den be- ▶

Reisemobil-Stellplätze				
Anschrift	**19395 Ganzlin-Wangelin** Stellplatz Wangeliner Garten Vietlübber Straße Tel.: 038737/499876 www.wangeliner-garten.de	**19395 Plau am See** Stellplatz vor Campingpark Zuruf Seestr. 38 D Tel.: 038735/45878 www.campingpark-zuruf.de	**17214 Alt Schwerin** Stellplatz Inselcamping Insel Werder 8 Tel.: 039932/42074 www.inselcamping-werder.de	**17213 Malchow** Stellplatz am Naturcamping Malchow, Zum Plauer See 1 Tel.: 039932/49907 www.naturcamping-malchow.de
GPS-Daten	**53°23'45"N/ 12°10'53"E**	**53°26'14"N/ 12°17'16"E**	**53°29'7"N/ 12°19'19"E**	**53°29'31"N/ 12°22'25"E**
Stell-flächen	**5 Plätze** auf Rasen	**15 Plätze** auf Rasen	**14 Plätze** auf Schotterrasen	**6 Plätze** auf Wiese/ Schotterrasen
Gebühr *)	**17 €** inkl. Strom, Wasser, Entsorgung, WC, Dusche	**11-14 €** (je nach Saison) inkl. Entsorgung, Wasser, WC. Kurtaxe: 1,50 €	**19,80 €** inkl. Entsorgung, WC, Strom	**10-13 €** (je nach Saison) inkl. Hund. Kurtaxe: 1 €
Ver- und Entsorgung (V/E), Strom	inklusive	Strom: 3,50 €, Dusche: 0,40 €/min	Wasser: 0,50 €/50 l, Hund: 2 €, Hund ohne Leine: 80 €	Strom: 3,50 €, Sanitär-Nutzung: 2 €, Entsorgung: 6 €
Bemerkung	Auf Wiese im Wangeliner Garten, größter Kräutergarten Mecklenburgs mit vielfältigen Lehm- und Strohballenbauten und achteckigem Café in Holzständerbauweise, Ausstellungen, Konzerte und Kino. Hunde erlaubt. Ganzjährig.	Vor Campingplatz auf für Reisemobile angelegten Areal. Barrierefrei, Fahrradverleih. Bis Plau am See ca. 3,5 km. Aufenthalt max. 3 Nächte. Anreise zwischen 7-13 Uhr und 15-22 Uhr. Am See gelegen. Hunde erlaubt. Ganzjährig.	Der Stellplatz liegt am Waldrand und vor dem Campingplatz, Lokal, Brötchenservice, Grillstelle vorhanden, WLAN, große Parzellen, gut bis 8 m. Badestrand am Plauer See. Leinenpflicht für Hunde. Ganzjährig.	Vor der Schranke des Campingplatzes, alle Stellplätze verfügen über einen Stromanschluss sowie eine Ver- und Entsorgungsstation, Sanitärgebäude des CPs nutzbar. Hunde erlaubt. Ganzjährig.
Fazit	Stellplätze auf Wiese in zauberhaftem Garten, nettes Lokal mit Terrasse, freundliches Personal, Ruhe, Natur, WC/Dusche.	Neben schönem Campingplatz, schlicht, aber ausreichend, auf Wiese vor der Schranke, toller Strand.	Idyllisch, ruhig, am Plauer See, lange Anfahrt durch Wald, gepflegtes Sanitär, kleines Lokal, netter Platzwart.	Eher ungemütlich neben der Einfahrt des schönen Campingplatzes, schlechtes Preis-/ Leistungsverhältnis, für eine Nacht in Ordnung.

liebtesten Angelfischen gehören Hecht, Barsch, Aal, Zander und Karpfen. Benötigt werden in der Region eine gültige Angelkarte und ein Fischereischein. Wer keinen eigenen hat, erwirbt einen Touristen-Fischereischein. Sollte der Erfolg unerwartet ausbleiben, lässt sich der Fischhunger auch hervorragend in der „Müritzhauptstadt" Waren stillen. Der Luftkurort gilt als touristisches Zentrum der Region und hat die terrassenförmig angelegten Häuser und die alten Speichergebäude in den letzten Jahren einladend herausgeputzt. Hier lässt es sich ausgiebig bummeln, shoppen, speisen und gesund entspannen.

Beliebt ist der seit 2012 als Soleheilbad anerkannte Ort nicht zuletzt wegen seiner Heilwirkung für Haut und Atemwege. Die in 1550 Metern unter der Erde aus einem unterirdischen „Meer" gewonnene jodhaltige Thermalsole ist Basis für das „Warener Badesalz" – ein nettes Mitbringsel für die Daheimgebliebenen.

„Die Luft ist wundervoll, und je nachdem wie der Wind steht, bin ich auf unserem Balkon von einer feuchten Seebrise oder, von der Waldseite her, von Tannenluft und -duft umfächelt",

17213 Malchow Stellplatz am Segelverein Strandstraße 10a Tel.: 03993/212698 www.segelverein malchow.de	**17192 Waren/Müritz** Camping- und Wohnmobilpark Kamerun Zur Stillen Bucht 3 Tel.: 03991/122406 www.campingpark-kamerun.de	**17192 Kargow** Stellplatz Ziegenwiese Schwarzenhof 7 Tel.: 03991/633842 info-ziegenwiese@t-online.de	**17207 Gotthun** Stellplatz Pension Müritzwiese, Müritzweg 11 Tel.: 039931/53441 www.pension-mueritzwiese.de	**17207 Röbel/Müritz** Stellplatz am Seglerhafen Müritzpromenade 20 Tel.: 039931/839900 www.marina-roebel-mueritz.de
53°29'7"N/ 12°26'15"E	**53°30'38"N/ 12°38'58"E**	**53°27'47"N/ 12°47'55"E**	**53°25'16"N/ 12°35'29"E**	**53°23'14"N/ 12°37'3"E**
10 Plätze auf Wiese	**65 Plätze** auf Rasen	**15 Plätze** auf Wiese	**15 Plätze** auf Rasen	**30 Plätze** auf Schotter, Naturboden
18 € inkl. Wasser, Entsorgung, WC, Dusche. Kurtaxe: 1 €	**21-30 €** (je nach Saison) inkl. Wasser, Entsorgung, Hund: 3-5 €, Kurtaxe: 2 €	**10 €** inkl. Wasser, Hund	**14,50 €** inkl. Wasser, Entsorgung, WC, Dusche	**15-18 €** (je nach Saison), Kurtaxe: 1,50 €
Strom: 5 €	Strom: 3,50 €, Dusche: 0,20 €/min	Strom: 2 €, Entsorgung: 3 €. Kein WC	Strom: 3,50 €, Hund: 3 €	Strom: 2 €, Wasser: 1 €/100 l, Entsorgung: 5 €, Dusche: 2 €, Hund: 0,50 €
Der Stellplatz liegt an einer Marina. Platz mit Rasen. Anfang Mai bis Ende September, nebenan Liegewiese des öffentlichen Badeplatzes, Gastronomie vor Ort. Hunde erlaubt. Geöffnet: Ostern bis September.	Neben dem Campingplatzgelände, einige Plätze für große Mobile, Lage schön, aber kein Schatten, Einrichtungen des schönen CPs nutzbar. Aufenthalt max. 5 Nächte. Badestelle direkt am Platz. Leinenpflicht für Hunde. Ganzjährig.	Im Nationalpark, überwiegend eben, auf Wiese, mit Bücherschrank, liebevoll angelegt neben einem Bauernhof, Wander-/Radwege vor Ort, keine Einkaufsmöglichkeiten in der Nähe. Badestelle in 2 km. Hunde erlaubt. Ganzjährig.	Der Stellplatz liegt an einem Gasthaus, am Ortsrand, Brötchenservice, Müritz: 5 Minuten zu Fuß an alter Baumallee entlang, am Müritzradweg, Röbel: 5 km. Badestelle in 1,2 km. Hunde erlaubt. Ganzjährig.	Zentrum zu Fuß erreichbar. Imbiss/Restaurant, Fahrradverleih, Grillstelle vorhanden, Frischwasser, Strom, Entsorgung Grauwasser, WC, Dusche, Hunde erlaubt. Saison von Anfang April bis Ende Oktober.
Schöne Lage an hübscher Marina, aber nur bei Anwesenheit des Hafenmeisters zugänglich, mit WC/Dusche.	Gut besucht, kaum Privatsphäre, im Grünen, kein Schatten, Service am CP gegen Gebühr, am schönen Radweg nach Waren.	Schöner Platz im Nationalpark, idyllisch und liebevoll angelegt, am Wochenende schnell voll, Brötchenservice.	Zauberhaft angelegt, idyllisch, grün, dörfliche Lage, ruhig, am Radweg, Brötchenservice, WC/Dusche, nette Betreiber.	Hübscher Platz, an Marina, tolles Lokal, entspannte Stimmung, gepflegter Sanitärbereich, netter Hafenmeister.

*) Preis für min. 2 Erwachsene, 1 Reisemobil im Jahr 2021

schrieb Theodor Fontane begeistert an einen Freund, als er 1896 einige Zeit in Waren verbrachte.

Mobile Reisende haben auch hier die Qual der Wahl zwischen mehreren Stell- und Campingplätzen. Für den Stellplatz-Check fällt sie auf den Wohnmobilpark Kamerun am Ostufer – der Platz ist sehr beliebt und gut besucht, obwohl es kaum Schatten und wenig Privatsphäre gibt. Die vielen Wohnmobile stehen relativ dicht in Reih und Glied. Wer ein paar Euro mehr investiert, steht sehr viel schöner nebenan auf dem Campingplatz – Sonnenuntergang und Hafenblick inklusive. Neben allem Komfort mit Restaurant und modernen Sanitärgebäuden bietet er großzügige Stellflächen am Wasser und unter Bäumen. Von hier aus ist die Altstadt in einer Viertelstunde über einen teilweise am Wasser entlangführenden Radweg erreichbar.

Wer lieber übers Wasser geht, schnappt sich ein Stand-up-paddle und rudert das kurze Stück bis in die Altstadt. Direkt am Platz gibt es außerdem einen kleinen Hafen, der Liegeplätze bereithält für Boote, und bei Bedarf Ruder-, Tret- oder Motorboote vermietet. ▶

Stellplatz-Check Mecklenburger Seenplatte

Fackwerk-Idylle: Charmante Städtchen wie Waren laden zum Bummeln ein.

KARGOW: TRAUMPLATZ MITTEN IM NATIONALPARK

Vom Wasser gehts in den Wald: Das nächste Etappenziel befindet sich mitten im Müritz-Nationalpark. Die zahlreichen Seen und Moore machen ihn einzigartig unter den 16 deutschen Nationalparks. Bekannt ist er unter anderem für seine Vorkommen seltener Vogelarten – Fisch- und Seeadler finden in der Abgeschiedenheit Brutplätze und Nahrung – genau wie Kraniche. Bis zu 14.000 Glücksvögel sammeln sich im Herbst an der Müritz. Höhepunkt ist Mitte Oktober. Der anheimelnden Ausstrahlung dieser stillen und gleichzeitig so reichen Landschaft kann man sich kaum entziehen.

Sehr zu empfehlen ist eine naturkundliche Führung zu Fuß oder mit

Campingplätze

Anschrift	**19395 Plau am See** Campingpark Zuruf Seestr. 38D Tel.: 038735/45878, www.campingpark-zuruf.de	**17214 Alt Schwerin** Camping am See An den Schaftannen 1 Tel.: 039932/42073 www.camping-plauersee.de	**17213 Malchow** Naturcamping Malchow Zum Plauer See 1 Tel.: 039932/49907 www.naturcamping-malchow.de
GPS-Daten	**53°26'18"N/12°17'12"E**	**53°31'23"N/12°19'5"E**	**53°29'31"N/12°22'25"E**
Stellflächen	**145 Plätze**	**135 Plätze**	**120 Plätze**
Gebühr *)	**26,60-29,90 €** (je nach Saison), Strom: 3,50 €, Hund: 2,90 €, Dusche: 0,40 €/min	**25,50-39 €** (je nach Saison und Stellplatz), inkl. Strom und Dusche, Hund: 3-4 €	**17,30-26,50 €** (je nach Saison), Strom: 3,50 €, Dusche: 1 €, Hund: ab 2 €
Bemerkung	Ebenes Wiesengelände mit einigen hohen Laubbaumreihen. Öffentlicher Rad- und Wanderweg führt durch den Platz. Etwa 100 m langer, schmaler Sandstrand, beiderseits. Ganzjährig.	Langer Wiesenstreifen am Plauer See, mit einzelnen Bäumen und Hecken bewachsen, Radweg führt durch den Platz. Mehrere Badestellen, kleine Liegewiese. Alt Schwerin (in 2 km), ÖPNV: in 2 km. Geöffnet: 1.4.-2.11.	Naturbelassenes Wiesengelände am See, Schatten spendende Laubbäume. Autobahn mitunter hörbar. Von Schilf begrenzte schöne Badebucht. Angrenzend kleine Liegewiese. Malchow: 5 km, ÖPNV: 1 km. Ganzjährig.
Fazit	Schöne Lage im Grünen, sehr gepflegt, eigener Strandzugang, ruhig, Schatten, Platz für große Mobile, Ort mit Rad gut erreichbar.	Tolle Lage direkt am Wasser, gepflegte Anlage, relativ ruhig, je nach Wind ab und zu Geräusche von Straße hörbar, nettes Personal.	Zauberhafte Lage, mit schöner Bucht und Liegewiese am See, gepflegte Anlage, Straße hin und wieder hörbar.

*) Preis für min. 2 Erwachsene, 1 Reisemobil im Jahr 2021

dem Rad, welche die Nationalparkverwaltung regelmäßig anbietet. Aber auch auf eigene Faust lässt sich vieles entdecken – die Radwege sind gut ausgeschildert (www.mueritz-nationalpark.de).

Der Stellplatz im Weiler Schwarzenhof ist ein bezaubernder Ort und hervorragender Ausgangspunkt für Wanderungen und Radtouren. Er liegt neben einem Bauernhof, ist liebevoll angelegt, absolut ruhig und es gibt im vorderen Bereich auch einige Plätze mit Schatten.

Versorgt werden die Gäste mit Strom, Wasser, Entsorgungsmöglichkeiten und auf Wunsch auch mit Brötchen. Ein kleiner Bücherschrank bietet entspannende Bettlektüre für lange gemütliche Herbstabende.

RÖBEL: BUNTER HAFEN AM KLEINEN MEER

Letzter Halt dieser entspannten und schönen Tour ist in Röbel. Der anerkannte Erholungsort ist schon von Weitem an den imposanten Türmen der beiden Backsteinkirchen aus dem 13. Jahrhundert zu erkennen. Die St. Marienkirche bietet von ihrer Aussichtsplattform einen herrlichen Panoramablick über die Müritz und das schöne hügelige Hinterland.

Von dem gut ausgestatteten Stellplatz am Seglerhafen ist die wunderschöne, lang gestreckte Uferpromenade mit den Anlegestellen der Fahrgastschiffer sowie den netten Restaurants und Cafés schnell erreicht. Der ganze Ort strahlt mit seinen vielen bunten Fachwerkhäusern, den Ringgassen und den alten, teils schilfgedeckten Bootshäusern ein beschaulich- maritimes Flair aus. Besonderer Anziehungspunkt ist die restaurierte Holländerwindmühle, die mittendrin auf dem Burgberg thront. Von April bis Oktober werden hier regelmäßig Fotos und Bilder von Künstlern aus der Region ausgestellt.

Kräuterparadies: Irgendwas blüht im Wangeliner Garten immer.

Besuchenswert ist auch die etwa 3,5 Kilometer entfernte Scheune Bollewick – die größte Feldsteinscheune Deutschlands. Hier gibt es neben kulturellen Angeboten auch regionale Produkte – als Mitbringsel oder Proviant für die Heimreise, die jetzt leider kaum noch aufzuschieben ist.

Wer noch etwas Zeit erübrigen kann, unternimmt zum Ausklang einen Abstecher ins fünf Kilometer entfernte Gotthun. In dem beschaulich am Westufer der Müritz gelegenen Dörfchen wartet ein romantischer Stellplatz im Garten der Pension Müritzwiese auf mobile Gäste. ■

17194 Jabel Natur & Strandcamping am Jabelschen See Am Heidenfriedhof 1 Tel.: 039929/76712 www.camping-jabel.de	**17192 Waren (Müritz)** Camping- und Wohnmobilpark Kamerun, Zur Stillen Bucht 3, Tel.: 03991/122406 www.campingpark-kamerun.de	**17207 Röbel/Müritz** Campingplatz Pappelbucht Seebadstr. 38a Tel.: 039931/59113 www.mueritztherme.com/camping
53°31'14"N/12°31'1"E	**53°30'38"N/12°38'58"E**	**53°23'35"N/12°37'20"E**
120 Plätze	**200 Plätze**	**90 Plätze**
15-20 € (je nach Saison) Strom: 3,50 €, Dusche: 1 €/4 min, Hund: 2,50-3,50 €	**20,50-34 €** (je nach Saison und Stellplatz), Strom: 3,50 €, Hund: 3-5 €	**14-18 €** (je nach Saison) Strom: 3 €, Duschmarke: 1 €, Hund: 1 €
Idyllische und absolut ruhige Lage am Jabelschen See, am Kanal zum Kölpinsee im Naturpark Nossentiner Schwinzer Heide, viele Stellplätze an langem Uferbereich, nettes Lokal mit Terrasse und Seeblick, Shop. Ganzjährig.	Idyllische Lage an der Müritz, Sandstrand, Liegewiese, Ausblick nach Waren, moderne Sanitärgebäude, Restaurant, Shop, Marina mit Bootsverleih/Surfschule, an Rad-/Wanderweg, Waren: 3 km. ÖPNV: 500 m. Ganzjährig.	Ruhige Lage am Müritzsee, leicht geneigte Wiese mit Pappelreihen und einzelnen Laubbäumen, neben öffentlichem Strandbad (Eintritt für Camper frei), Röbel/Müritz (in 2 km), ÖPNV: 200 Meter. Ganzjährig.
Auf Waldwiese, an Naturschutzgebiet, am Wasser, sehr ruhig, idyllisch, teilweise Schatten, Sanitär schlicht, aber sauber; nette Betreiberfamilie.	Idyllische Lage, am See, im Grünen, Schatten, ruhig, gepflegter Sanitärbereich, tolles Lokal, nettes Personal, schöner Radweg nach Waren.	Netter Platz, familiär, Sanitärbereich älter, aber sauber, gratis Eintritt ins Strandbad, netter Empfang, an Radweg; Röbel gut erreichbar.

KONTAKT/INFOS

Tourismusverband Mecklenburgische Seenplatte

Tel.: 039931-5380
www.mecklenburgische-seenplatte.de

BILDNACHWEISE

Fotos mit freundlicher Genehmigung der Städte, Tourist-Informationen, Betreiber und Stellplatzbetreiber, insbesondere: Titelbild: Fotos: shutterstock, Juice Flair Editorial: shutterstock, Air Images

Abenberg/Naturbadeweiher: Sergei Gussev, Stadt Abenberg: Hiltl; Arnstein/Naturbadesee: Ammerseer, Stadt Arnstein; Bad Arolsen-Wetterburg/Twistesee: Yannic Meyer, Reisemobilhafen Twistesee; Bad Bayersoien: Ammergauer Alpen, Gemeinde Bad Bayersoien; Bad Segeberg/Großer Segeberger See: Julius Beckmann, Wohnmobilstellplatz Kalkbergblick; Bad Staffelstein/Badesee Bad Staffelstein: Matthias Bachmann, Wolfgang Desombre; Bad Zwischenahn: Klaus, Bad Zwischenahner Touristik; Barmstedt/Rantzauer See: Mark Nieno, Barnin: Niteshift (talk), Caravan Stellplatz & Hofladen Am Wäldchen; Bebra/Breitenbacher Seen: Tourismus-Service Erlebnisregion Mittleres Fuldatal; Beetzsee-Brielow: Henry Richter, WWR Brielow/BBG ; Bernau/Chiemsee: Josef Wenzel, Winfried Hanskötter; Bischoffen/Aartalsee: Gemeinde-Bischoffen; Blankensee/Rödliner See: loewe.chr, Niteshift (talk); Borken/Naturbadesee Stockelache: Tourist-Info-Borken/Hessen; Breitenthal/Oberrieder Weiher: Reinhard Gessl, Lythy; Brietlingen-Lüdershausen/Reihersee: Frank F., Henry; Buchholz/Müritzsee: Julian Nyca, Jan Friedrich; Dahlem-Kronenburg: Theo van Alphen, Zweckverband Kronenburger See; Diemelsee-Heringhausen: Teta, Sabrinity; Dießen/Ammersee: cgp, Sas; Edertal-Rehbach/Edersee: Thomas, Edersee Marketing; Einsiedl/Walchensee: vid Pursehouse, Nachtparkplatz Einsiedl; Ellenberg-Haselbach: Ronny Gängler, Schnitzel_bank; Elsterheide-Geierswalde: Tourismusverband Lausitzer Seenland: Nada Quenzel, Ferien & Freizeitpark Geierswalde; Erlabrunn: Björn S., Daniel Endres; Eslarn/Atzmannsee: Markt Eslarn, Thomas Kujat; Esterwegen/Erikasee: Samtgemeinde Nordhümmling, Gemeinde Esterwegen; Eutin/Kellersee: Robert Brands, Natur-park-Camping Prinzenholz; Falkenhagen/Gabelsee: Martin, Gemeinde Falkenhagen; Frielendorf/Silbersee: Yannic Meyer, Wohnmobilpark-Silbersee; Friesoythe-Thülsfelde/Thülsfelder Stausee: Norbert Klockgether, Hotel Seeblick; Fünfseen-Lenz-Süd/Petersdorfer See: Thomas Kohler, Lenzer Hafen; Fürstenberg/Schwedtsee: Rüdiger Stehn, Marina Fürstenberg; Grafenrheinfeld: Hartmut Bach, Gemeinde Grafenrheinfeld; Gronau/Drilandsee: Wikipedia/Ger-Max, Camping- & Freizeitanlagen Dreiländersee; Großheide: Gemeinde Großheide; Großpösna/Störmthaler See: Jan Friedrich, Wohnmobilhafen Lagovida; Günzburg/Mooswaldseen: Camping Gutshof Donauried; Gunzenhausen-Schlungenhof/Altmühlsee: Wolfgang Manousek, Zweckverband Altmühlsee; Haltern: Daniel Mennerich, Wohnmobilpark Haltern am See; Heinsberg/Lago Laprello: 3H Freizeit und Camping ; Hildesheim/Hohnsensee: Hildesheim Marketing; Hodenhagen: cgp; Hartmut Balders; Hof/Untreusee: Achim Bühler, Stadt Hof; Holdorf/Heidesee: Heidesee Holdorf, Zelt- und Wohnmobilplatz Heidesee; Holzappel/Herthasee: Ranger56112, Udo Helms; Höxter-Godelheim: Michel Eickelmann, Wesercamping Höxter; Hüde/Dümmer See: Raico Rosenberg, Freizeitarena Dümmer-See; Hungen-Inheiden/Trais-Horloffer See: Jorbasa Fotografie, pil; Ihlow-Ihlowerfehn: Harald Deischinger, Entwicklungs- und Dienstleistungsgesellschaft Ihlow; Kelbra: Thomas Schubert, Rolf Dietrich Brecher; Kemberg-Bergwitz: PercyGermany, Jan Friedrich; Kirchheim/Ibrastausee: Wikipedia/Ra Boe, Campingplatz am Seepark; Königsbronn-Itzelberg: Geak, Gemeinde Königsbronn: Markus Fache; Kyritz/Untersee: Wolkenkratzer, Stadt Kyritz; Ladelund: Antje Forgó/Licht & Linie; Lauchhammer-Grünewalde: Themencampng Grünewalder Lauch; Lebusa/Körbaer Teich: Peal1903, Clemensfranz; Lechbruck: Nicola, Via Claudia Camping; Lembruch/Dümmer See: Marcus Horstbrink, Tiemann's Wohnmobilhafen; Lenzen/Rudower See: Philipp Falkenhagen, Andreas Kürbis; Leutkirch: digital cat, Stadt Leutkirch; Lippstadt-Niederdedinghausen/Alberssee: Thomas Mues, Campingparadies Lippstädter Seenplatte; Lohsa/Dreiweiberner See: Hagens_world, Caravanparadies Dreiweiberner See; Losheim: Merle ja Joonas, Udo Helms; Loxstedt-Stotel: Mark Michaelis, Gemeinde Loxstedt; Lübbenau-Hindenberg/Hindenberger See: blackpictures, Augustus-Tours; Marienhafe/Tjücher Moortun: Tourist-Info-Marienhafe; Markkleeberg: Jan Friedrich, Seepark Auenhain; Markt Wald-Bürgle: Wohnmobilpark Markt Wald-Bürgle; Marktl/Marktler Badesee: Campingplatz am Marktler Badesee; Mengen-Rulfingen/Zielfinger Seen: Louis Bafrance, Wohnmobilstellplatz Zielfinger Seen; Möhnesee-Delecke: Andrew Sweeney, Wirtschafts- und Tourismus Möhnesee; Moosbach/Natur-Waldbad Tröbes: Markt Moosbach, Natur-Waldbad Tröbes; Mörschied/Naturbadeteich Harfenmühle: Camping Harfenmühle; Muldestausee/Gröbener See: Wolkenkratzer, Wohnmobil-Camp See- und Waldresort Gröbern; Nehmten-Godau/Großer Plöner See: Freddy Fehmarn, runlama; Neuenhain-Neuental: Oliver Deisenroth; Neukloster/Neuklostersee: Thomas Kohler, Wohnmobilpark Neukloster; Offenburg/Gifizsee: Kathrin Mezger, Philipp Kern; Olpe/Biggesee: Bungert55, Olper Bäderbetriebe ; Osnabrück/Attersee: Camp Bullerby; Ostrhauderfehn/Idasee: Ingolf Zeiner Petersen, Volkmar Becher; Paderborn-Sande/Lippesee: Stadt Paderborn; Papenburg: Jens Wiesner, Campingplatz Papenburg; Parkstetten/Friedenhain-See: Scott Barkley, Friedenhain-See Freizeitanlagen; Petershagen/Badesee Lahde: Daniel Mennerich, Gourmandise; Pleinfeld-Ramsberg/Großer Brombachsee: Tobias Neubert Photographie, Zweckverband Brombachsee; Plön/Großer Plöner See: fleno.de, Campingpark Gut Ruhleben; Plön-Bösdorf/Vierer See: Mike Bonitz, Campingpark Augstfelde; Pocking: Albert Gößwein, Seecamp Pocking; Pöhl-Möschwitz/Talsperre Pöhl: Tourist-Info Talsperre Pöhl; Preetz/Kirchsee: Wusel007, Sangudo; Priepert: Thomas Kohler, Artur Diegel; Rackwitz/Schladitzer See: Radler59, Camp David Sport Resort by All-on-Sea; Ratzeburg: Mark Nieno, Tourist-Info Ratzeburg; Reinfeld/Herrenteich: Dierk Topp, Britta Lammert; Rhönblick-Seeba: SehLax, Gemeinde Rhönblick: Andreas Morgenstern; Rieden-Roßhaupten/Forggensee: Stivi_94, Sas; Rieste/Alfsee: Gemeinde Rieste, Reisemobilhafen am Alfsee Center; Saalburg-Ebersdorf/Bleilochtalsperre: Ekkhard Issel, Saalburg Beach; Sande: Gemeinde Sande; Schalkenmehren: Dominik Ketz, Wohnmobilpark Vulkaneifel; Schleusingen/Talsperre Ratscher: Fräulein Eulenberger, Like_the_Grand_Canyon; Schluchsee: Caradox, Dieter Heinze; Schneeberg/Filzteich: Tom Heinze, Stadtwerke Schneeberg; Schwangau/Bannwaldsee: tommapson, Wohnmobilpark Schwangau; Senftenberg-Großkoschen: Tourismusverband Lausitzer Seenland: Nada Quenzel, Neu; Silz-Nossentin/Fleesensee: Wolfgang Manousek, Landgasthof am Fleesensee; Simmerath-Rurberg/Rursee: Christoph Paulus, Monschauerland Touristik, Sörup/Südensee: Le poidesans, Thomas Kohler; Spalt-Enderndorf/Igelsbachsee: Sergei Gussev, Wohnmobilstellplatz Panorama; Spatzenhausen-Hofheim/Riegsee: Camping Brugger; Steinberg: Matthias Ripp, Freizeitpark Movin' Ground; Südbrookmerland/Großes Meer: Südbrookmerland Touristik; Sulingen/Sulinger Stadtsee: willi_bremen, Geriax; Sundern-Amecke/Sorpesee: Sorpesee ; Tauche-Ranzig/Ranziger See: Sebastian Rittau, Märkisches Seecamp; Wackersdorf/Murner See/Brückelsee: A. Köppl, Günther Kurz; Wald: Strab312, Gemeinde Wald; Waldeck/Edersee: cgp, Reisemobilstellplatz Seeblick; Waldfischbach-Burgalben/Clausensee: Wikibm-dewiki, Campingpark Clausensee; Waldhufen-Jänkendorf/Talsperre Quitzdorf: Bernd Schulz, Michael Bertulat; Waren/Müritz: Thomas Kohler; Welzheim-Aichstrut: Stadt Welzheim; Werneuchen-Tiefensee/Gamensee: MrEisbaerKnut, Artur Diegel; Wertach/Grüntensee: Kur- und Tourismusbüro Oy-Mittelberg: Kees van Surksum, Stellplatz am Buron/Maxl; Wesenberg/Großer Weißer See: Haveltourist; Wesenberg/Woblitzsee: Botaurus stellaris, fox-and-fern; Wesenberg-Ahrensberg/Drewensee: Haveltourist; Westerstede-Ocholt/Badesee Karlshof: Stadt Westerstede, Matthias Kannegießer; Wiefelstede-Conneforde/Bernsteinsee: Tourist-Information Wiefelstede; Wusterhausen/Klempowsee: BIG Städtebau, Gemeinde Wusterhausen/Dosse; Zaberfeld/Ehmetsklinge: Gemeinde Zaberfeld/Fy, Felix König; Zarrentin/Schaalsee: tobias HH, Stadt Zarrentin am Schaalsee; Zeulenroda-Triebes: Marcus Daßler, Wohnmobilhafen Zeulenrodaer Meer; Zülpich: Myrle Krantz, Seepark Zülpich; Zwenkau: Sächsisches Seebad Zwenkau; Zwenzow-Userin/Großer Labussee: Kopist, Haveltourist

Herausgeber und Verlag
DoldeMedien Verlag GmbH
Naststraße 19 B
70376 Stuttgart
Mail: info@doldemedien.de

Geschäftsführer
Dr. Oliver Graßy, Tanja Herkert
Verlagsleiterin/Leiterin Produkte
Christine Felsinger

Redaktion
Telefon: 0711/55349-0
Fax: 0711/55349-200
Mail: info@reisemobil-international.de

Chefredakteur
Heiko Paul
Stv. Chefredakteur/Projektleiter
Claus-Georg Petri
Chef vom Dienst
Thomas Nitsch,
Sandra Schwarzstein (stv.)
Redaktion
Nadine Baumer, Jutta Neumann,
Brigitte Nitsch, Claus-Georg Petri

Produktion/Kartografie
Dolde Werbeagentur GmbH
Gestaltung
Sabina Melchert, Isabel Lipke (FM),
Frank Harm
Reproduktion
Georg Fröhlich, Dagmar Schwarzkopf

Leiterin Vertrieb und Sales
Sandra Bayer
Verkaufsleiterin
Sylke Wohlschiess
Druckunterlagen
Vanessa Pfeiffer

Druck
Himmer GmbH, Augsburg

Printed in Germany
1. Auflage 2021
ISBN 978-3-948979-03-4